基于物联网的农产品电商供应链体系研究

王元十　著

中华工商联合出版社

图书在版编目（CIP）数据

基于物联网的农产品电商供应链体系研究/王元十
著. --北京：中华工商联合出版社，2022.3
ISBN 978-7-5158-3348-4

Ⅰ．①基… Ⅱ．①王… Ⅲ．①农产品-电子商务-供
应链管理－研究 Ⅳ．①F724.72

中国版本图书馆 CIP 数据核字（2022）第 041672 号

基于物联网的农产品电商供应链体系研究

作　　者：王元十
出 品 人：李　梁
责任编辑：李红霞
装帧设计：程国川
责任审读：付德华
责任印刷：迈致红
出版发行：中华工商联合出版社有限责任公司
印　　刷：武汉市首壹印务有限公司
版　　次：2023 年 12 月第 1 版
印　　次：2023 年 12 月第 1 次印刷
开　　本：710mm×1000mm　1/16
字　　数：223 千字
印　　张：11
书　　号：ISBN 978-7-5158-3348-4
定　　价：68.00 元

服务热线：010-58301130-0（前台）
销售热线：010-58302977（网点部）
　　　　　010-58302166（门店部）
　　　　　010-58302837（馆配部、新媒体部）
　　　　　010-58302813（团购部）
地址邮寄：北京市西城区西环广场 A 座
　　　　　19-20 层，100044
http://www.chgslcbs.cn
投稿热线：010-58302907（总编室）
投稿邮箱：1621239583@qq.com

前 言

近年来，随着国家政策的支持以及技术、资本、消费观念等利好因素的影响，越来越多的优质企业入局生鲜电商行业，推动生鲜电商爆发式增长，生鲜电商行业进入高速发展期。然而，目前生鲜电商在发展过程中面临着一系列的障碍，很多生鲜电商仍处于亏损状态，因此，如何在保证生鲜农产品安全、及时配送的同时提高生鲜电商的利润是影响其快速发展的关键。

基于此，本文将结合生鲜农产品供应链协调和生鲜农产品电子商务的相关研究基础，运用信息经济学、供应链管理和消费者效用等多个领域的知识，系统考察生鲜电商平台与生产商、物流商、零售商之间的博弈模型，探讨相关合作策略与协调机制对双方决策行为及利润水平的影响，以期能够为生鲜电商企业更为良性的发展提供理论支撑。主要研究内容如下：

首先，本文基于大多数生鲜电商平台与生产商的现实合作模式，利用 Spence 提出的信号博弈理论，构建了生鲜电商平台与生产商之间的不完全信息动态博弈，考虑两种均衡——混同均衡和分离均衡，讨论抽检比例、抽检成本、外围惩罚等关键因素对生鲜电商平台与生产商之间的合作所产生的影响，并通过对这些因素的调节，促进双方更有效的合作。

其次，本文基于生鲜农产品的网络销量受到物流承诺配送时间和物流配送成功率两个因素的影响，通过建立生鲜电商平台与物流商合作的 Stackelberg 博弈模型，探讨了供应链双方在物流外包模式和自营物流模式下的最优决策，比较了两种模式下生鲜农产品的最优承诺配送时间和销售价格，并通过数值实验分析了双方物流成本的差异程度对成员决策和供应链整体的影响，得到两种物流模式适应的条件。随后，在物流外包模式的基础上，构建了物流成本分担和物流成本共担模式下的博弈模型，通过表达式和数值实验比较了三种模式下生鲜农产品的物流承诺配送时间、销售价格和供应链双方利润水平的差异，探讨了两种成本分担契约对供应链双方最优决策的影响以及供应链协调作用。

最后，本文针对生鲜电商平台与零售商合作的 O2O 销售模式进行了研究。一是，针对生鲜 O2O 模式的合作特点和生鲜农产品新鲜度衰减的特性，根据消费者效用理论，定义了受线上线下感知差异、生鲜农产品新鲜度、价格影响的消费者时变效用函数，构建了以生鲜电商平台为领导者的 Stackelberg 模型，分析和比较了在传统零售模式和生鲜 O2O 模式下零售商的最优策略和利润水平，讨论了影响零售商是否愿意加入生鲜 O2O 模式的关键因素。二是考虑了生鲜 O2O 模式中，生鲜电商平台与零售商合作进行保鲜投入以提高生鲜农产品新鲜度的问题，利用微分博弈模型建立了生鲜电商平台主导、零售商主导和收益共享契约下的博弈模型，分析了在三种博弈模式下生鲜电商平台和零售商如何进行保鲜投入、做出定价等最优决策，寻找使得双方利润水平达到最优的动态策略并探讨收益共享契约对供应链的协调作用。

作　者

2021 年 12 月

目　　录

第一章　农产品电子商务的主要模式

要实现农产品电子商务模式的发展和创新，首先应对农产品电子商务的模式有一个全面的了解。从本质上来说，我国农产品电子商务的模式主要有信息中介模式、社会化营销模式、交易服务模式、价值链整合模式四种。要全面地了解这四种模式，首先应对其概念和作用进行了解，并通过这四种模式在农产品电子商务中的案例分析，更进一步地了解我国农产品电子商务的四种主要模式。

第一节　农产品电子商务的信息中介模式

一、信息中介模式概念与作用

（一）信息中介模式概念

农产品信息中介模式，狭义上理解为通过集中买卖双方的信息然后提供给农产品供应者或者客户以进行直接交易的业务模式，广义上我们可以理解为通过提供农产品信息来获取收益的电子商务业务模式。当前，农产品信息中介会通过自身信息采集网络将各类信息进行集中，如农产品供求信息、农业经济主体的基本信息和消费者对农产品评价信息等，再进行信息的组织加工，最后将通过网络、报纸、手机短信等方式将各方所需的信息进行传播（一对多的传播方式），同时也会根据客户的需求提供个性化服务（一对一的传播方式）。

很多学者在进行此项模式分类的时候过于严格，通过查询文献及验证多家网站发现，相关学者提出的"电子目录模式"可以在上述情况下归为此类。"电子目录模式"是最简单和最原始的企业信息网上发布的业务模式。企业信息主动提交给第三方或者企业信息被第三方直接发布，这些信息仅包括公司名、地址、电话、邮编、E－mail、公司网址、产品简介等文字信息。这种模式多为免费，目的是发掘潜在农产品顾客，但随着技术的发展和第三方信息服务机构服务质量的提高，目前多数网站可为企业提供发布产品照片、视频，建立公司主页，发布供求信息及站内关键词检索等服务，这种网站已经发展为第三方市场。

（二）信息中介模式作用

信息中介模式最重要的功能就是降低了信息不对称性，使交易双方得以在此基础上开展其他商务贸易活动。所以此模式的功能都是基于此点而丰富延伸的。

首先，缩短农产品交易链，农产品供应者与客户直接进行交易，提高农产品商务链的周转效率；其次，通过集中交易双方的信息，快速扩展市场的范围，农业经营主体可以通过文字、图片、声音、视频等多种手段进行宣传；最后，大大降低农业经营主体进入市场的门槛，使大量小农户有直接面对终端经销商的机会。

二、信息中介模式案例分析

（一）金农网黄页

金农网黄页是目前农业黄页网站中较为优质的专业平台，但是其已经成为金农网的一个子模块。这是因为黄页已不再是多数第三方信息服务公司的主营业务，而逐渐沦落到附属业务地位。其他信息中介服务商虽然提供信息服务，但是未有专门以农业经营主体为服务对象的黄页。

金农网黄页信息丰富，有各类信息约 310000 条：农产品进出口公司 2728 条、全国农产品批发市场 2461 条、乡镇政府 36112 条、农业企业 180000 余条、农业经纪人 18058 条、农业专家 5029 条等。此外，此网站用户体验较好，由于网站服务对象信息搜寻能力相对较低，所以金农网黄页主页主要以我国地图为超级链接、右侧边栏以行业分类、上边搜寻条以农户最习惯使用的公司名称进行分类检索[1]。

此服务检索入口清晰，农业信息服务量大，需农业经营主体主动进行信息搜寻，用户体验相对良好，同时作为金农网的子模块，在主站提供政府政策信息、法律法规等信息之后，能够很好地提供主要的农业交易信息。

（二）农信通

中国移动公司推广的农信通作为主动提供农业信息服务的载体，非常有代表性，由于中国移动公司有十分强大的资金与技术优势，目前其已成为中国农村移动通信技术应用的先行者。

农信通由线上和线下两个方面组成。线上服务为 12582 网站，主站目前拥有务工易、贴吧、家园、村真录、咕哇池塘（互联网与手机平台通用的特色通信工具）、村官家园、集市、农业百科、互动直播、农业病虫害自测等多项服务版块[2]。线下服务是农信通的主营业务，目前各省结合实际在不同情况下开展农信通的推广，它通过短信、彩信、手机报、语音、手机上网、互联网等多种方式，为广大农民朋友提供政策法规、新闻快讯、农业科技、市场供求、价格行情、农事气象等信息，满足农产品的产供销、农民关注的民生问题等信息需求。其收费主要是中国移动公司的电话费用。相对于传统媒介的中介信息服务，这种服务更具有针对性、快捷性等优势。目前手机上网也可直接登录主站平台，个人可以依

---

① 王波. 我国农村电商发展研究 ［M］. 北京：经济日报出版社，2017.
② 洪涛. 中国农产品电商发展报告 ［M］. 北京：经济管理出版社，2020.

据自身需求选择参阅。

第二节　农产品电子商务的社会化营销模式

一、社会化营销模式概念与作用

(一) 社会化营销模式概念

农产品社会化营销模式主要是应用 Web2.0 相关核心技术(如博客 BLOG、RSS、论坛、微博、SNS 等)而发展起来的商业模式。它将个人现实生活中的社交圈子网络化,并充分地利用个人所有的人际关系资源,并通过朋友的朋友或者虚拟网络迅速建立起自己的基于网络信任的社交圈。在这种方式下,人们可以根据某一共同感兴趣的话题进行交流,由信息接收者转变为信息制造者和信息传播者,同时信息传递方式变为了一对多。借用此方式,交易链上各个环节的个体可以广泛地表达自身所想传播的信息,这样它也成为一种用户黏合度较高的网络型交流农产品信息的方式。虽然它并不属于价值链的任何一个基本元素,但是它能够为整个价值链或价值链系统增加巨大的信息交换量,它的最终价值也是成员(伙伴或客户)为社区环境提供的信息。目前,微博、社区、SOLOMOE 即把"Social(社交)""Local(本地化)"与"Mobile(移动)"三者无缝整合,O2O 等社会化网络平台日益崛起。对传统企业来说,如何迅速改变传统网络营销思维,采取最适合自身发展的营销策略,以在纷繁、干扰的网络环境中发现目标用户并最终建立营销生态体系,最大化达到营销效果,已成为经营者进入网络营销时代面临的新课题。

(二) 社会化营销模式作用

当前,我们正飞速步入移动互联网时代,在这种大前提下,农产品营销更需要考虑到这一新兴数字化营销体系,包括用户社交管理、移动客户端管理、网络营销管理等。农产品社会化营销模式在一定程度上将大幅度辅助提升其他营销方式的效果,在带来流量的同时保持客户黏性,如搜索引擎营销的效果。此模式将更有效地依据 LBS(即基于位置的服务,Location Based Service)等新技术开展精准营销、客户服务、会员收集、客户关系管理等服务。此模式将更有利于农产品品牌个性化塑造和农产品的推广,有效为农产品经营者聚集人气和提高品牌曝光率。

二、社会化营销模式案例分析

(一) 阿里巴巴商人社区

阿里巴巴商人社区依托国内最大的电子商务公司阿里巴巴集团,在电子商务经历了约 20 年的发展之后,已拥有了广泛的客户资源,可为农业经营主体提供各种农产品信息。

在论坛主页中输入"农业"之后，可以得到论坛给予的分类结果：农业 2057 条、商业杂谈 4893 条、机械设备 1472 条、创业 1395 条、食品饮料 1217 条等。这仅仅是发帖结果，如果加上论坛讨论结果，农业信息量将巨大。在这里农产品提供商可以交流心得、分享农产品销售经验等，同时通过社区农产品求购者也可以获得丰富的求购经验[①]。阿里巴巴农业企业博客更是一个再次宣传企业与产品的平台，优秀的博文可以增加企业点击量，同时再次宣传了产品。这种营销手段不能小视。

（二）微博的社会化营销

微博作为一个新兴网络工具同样有强大的功能，例如四川盐边县农民付友莲西瓜滞销事件的解决可以说明这个问题。这种过程是首先运用微博进行宣传求助，然后通过普通网民大量转发评论，进而影响到社会名流关注完成营销，最后回归到传统的营销模式，即政府出面组织、媒体宣传报道、名人效应带动、企业组织采购等。这将使各种产品在经营中发展到手机移动战场，农产品经营也将面临巨大挑战，我们可以设想包括了"导购资讯、互动营销、消费文化、生活服务、经验沉淀、组群讨论"在内的农产品"社交化购物平台"将呼之欲出。

第三节　农产品电子商务的交易服务模式

一、交易服务模式概念与作用

（一）交易服务模式概念

交易服务模式是农产品生产者或农产品经销商自建网站为消费者提供交易服务或者借助第三方平台为消费者提供交易服务的电子商务形式。此模式主要分为两类。

（1）自建网站直销农产品，包括生产者直销和自建电子商店的形式。

（2）搭载第三方平台销售农产品，包括以 B2B、B2C 为主的第三方交易市场形式，以 C2C 为主的第三方交易市场形式、农产品电子拍卖、期货交易模式、以线上宣传为辅、线下贸易为主的形式。

（二）交易服务模式作用

此模式给农业经营主体和消费者带来的实惠有三处：第一，方便性。这种交易服务模式彻底改变了传统购物的面对面一手交钱一手交货的付款方式与自带农产品回家的物流方式。第二，直观性。此方式使消费者可以多角度、多形式地观察商品，快速地访问千万家经销商，以达到亲临卖场的效果。第三，低成本性。

---

① 柳西波，丁菊，黄睿主编. 农村电商［M］. 北京：人民邮电出版社，2020.

网站或者平台可以达到 7×24 小时的经营，一次构建无限次的应用，不受时空因素的影响，各种风险明显降低。

二、交易服务模式的应用类型

（一）生产者直销形式

在此形式中，农产品主要通过生产者自建的网站进行产品宣传与销售。生产者多为初级农产品生产加工企业、专业合作社、农业协会或个别农业大户等。典型企业有栖霞德丰食品有限公司、莱阳市恒达果蔬有限责任公司、山东鲁海食品有限公司、山东万兴食品有限公司、宁波恒康食品有限公司、吉林中兴食品股份有限公司、青岛天祥食品有限公司、冯氏果蔬专业合作社等。

调查显示，相比农产品深加工企业而言，初级农产品加工企业自建网站数量相对较少，同时网站功能也比较简单。这种情况出现的原因主要是农产品本身的特殊属性和企业规模小等。此外，建站目的也大多是宣传企业自身及其产品[①]。网站功能上，在线单笔交易相对较少，产品多为批发销售，部分网站带有在线询价，多家网站建有两种以上语言以保证产品外销。本模式相对成熟，但要求生产者有一定的经济实力以保证建站及维护，基于当前存在农产品标准化等问题，网站功能仍以宣传为主。

（二）电子商店形式

此类形式是基于 B2C 电子商务市场而发展起来的。目前主要有农产品综合性电子商店和专一产品类型的电子商店两种类型。这些类型的企业正越来越受到大众购物群体的青睐。

第一，综合性电子商店。经营综合性电子商店的企业多为大中城市中的网络公司，其依托自建网站进行农产品销售。站内产品类别多样，有完整的在线购物流程，企业多可以配送直达买家。农产品多来源于生产基地、第一级批发市场。收入主要是赚取农产品差价、广告费等。典型企业有菜管家、中国菜篮子和乐康等。

第二，专一型电子商店。采用此类模式的企业多为大中城市中的网络公司，他们自建网站进行专一类别农产品的销售（如水果超市、鸡蛋超市），为城市客户提供网上订购与电话订购。其平台具有内容专业化、用户精准化等特点。盈利模式主要为产品利润、产品代理费、广告费等。典型企业有易果网、蛋蛋网、纷果网、汇农棠（活鸡、鸡蛋专卖）和果乐汇等。

（三）以 B2B、B2C 为主的第三方交易市场形式

此类模式主要是指由农产品中介机构建立电子交易市场，同时为农业企业提供虚拟展台，农业企业自主在市场中发布产品供求信息，最终企业自主完成交

---

① 刘军主编. 农村电商新生态 [M]. 北京：现代出版社，2020.

易。本模式中多为企业级客户之间进行大批量农产品贸易。农产品第三方交易市场提供农产品专业化的分类、站内检索服务、农产品目录和品牌宣传、订购、支付等安全交易服务。企业需缴纳会员费、提供增值服务所带来的广告费和站内搜索排名费用，以及向第三方交易市场缴纳企业信誉等认证费用。

农产品第三方交易市场从涉及的范围上分为两种：一种是综合性第三方电子交易市场，即水平型网上交易市场；一种是专业性第三方电子交易市场，即垂直型网上交易市场。综合性第三方电子交易市场的典型网站有阿里巴巴、慧聪网、环球资讯、中国农业网、农博网、金农网、中农商务版等。专业性第三方电子交易市场的典型网站有中国葡萄网、中国园林网、中国猪易网和中国水产养殖网等。

专业性第三方市场对于农产品销售同样非常重要。以猪易网为例，提供市场当日价格、生猪供求信息、饲料供求信息、养猪技术、猪病技术、猪场管理等音视频内容。养猪行业上的产业链信息基本可以全部提供。这种专业性的网站也将成为一种发展趋势。

（四）以 C2C 为主的第三方交易市场形式

此类模式主要是指基于第三方建立的电子交易市场，农户个人或农业组织在虚拟展台上自主发布产品供应信息，等待买家完成交易。与前一种模式的主要区别是该模式中的供应信息主要由企业、农户等发布，大多等待终端消费者直接完成交易，并且通过第三方物流配送上门，单笔交易额相对较小。典型的第三方交易平台有淘宝网、拍拍网、易趣网等。

调查发现，交易多集中在淘宝网，通过拍拍网平台的交易较少，易趣网交易为零。交易中存在的特点有：单笔交易额小；交易产品多为买家所在地不方便购买的产品（以水果为例，交易额较多的产品多为进口水果或者新疆等远途水果）；部分产品局限在一定区域内交易（如卖家仅售江浙地区，产品同城买家较活跃）；交易中物流时间、保鲜保质成为买家关注点。

（五）电子拍卖形式

这类模式一般是将农产品由拍卖机构在一定的时间和地点，按照一定的章程和规则，通过公开竞价而确定价格的方法，将出卖人的财物售给出价最高的应买人的一种商品交易方式。国内市场多借鉴荷兰鲜花市场拍卖和美国的牲畜拍卖网站等建立。国内典型企业有寿光蔬菜电子交易市场、重庆生猪综合交易市场、北大荒米业集团竞价网等。

（六）期货交易形式

该模式是在农产品种养前签订订单，形成期货贸易，而目前多利用网络进行远期农产品合约的交易，即成为"农业订单＋期货贸易"形式。国外较成熟有美国芝加哥期货交易所进行的玉米等交易，此外还有东京谷物交易所、纽约棉花交易所、温尼伯格商品交易所，国内有河南小麦的"延津经验"等。现已经形成的主要期货交易包括粮食期货、经济作物类期货、畜产品期货与林产品期货等。主要交易所有大连商品交易所、郑州商品交易所。从事农产品期货交易的主要公司有中粮期货经纪有限公司等。主要的农产品期货咨询服务网站有农产品期货网、天下粮仓等。

（七）以线上宣传为辅、线下贸易为主的形式

这种模式主要依靠网络进行交易会等信息宣传或者应用电子商务技术进行农产品的辅助交易。主要包括以下模式。

（1）大宗型产品交易形式。此类模式是在专业从事电子套期保值交易的大宗类商品批发市场中基于实物农产品为交易物的电子仓单交易模式。目前国内的农产品现货交易平台主要有上海大宗农产品交易市场、河北大宗农产品现货交易中心、西安大宗农产品现货交易中心、山东寿光果蔬交易市场、南宁大宗商品交易市场、江苏恒丰农产品交易市场等。典型企业有上海大宗农产品交易市场、山东寿光果蔬交易市场等。

（2）农产品交易会形式。此类模式主要通过网上第三方电子商务交易平台进行农产品撮合，加上定期举行交易会等线下撮合的促销洽谈模式。典型平台有中国农业信息网、中华粮网等。

第四节　农产品电子商务的价值链整合模式

一、价值链整合模式概念与作用

（一）价值链整合模式概念

农产品价值链整合模式是结合价值链本身和企业的业务模式，从"流程"的角度建立电子商务平台，通过价值链整合，使产业链条中相关企业建立了新的供销关系，共同分享销售、库存、结算等商业数据，共同进行品类分析和管理，以实现信息共享、管理结构扁平化，达到农业产业链上的效率最优化以及农产品的快速流通。

（二）价值链整合模式作用

农产品价值链整合模式将农业价值链的上下游农户和厂商的生产与运作信息进行集成、分析，从而实现农业龙头企业对其价值网的控制与彼此之间的协同。此模式中价值链管理者（一般为农业龙头企业）将掌握上下游合作伙伴的生产能力、生产现状、经营现状等，以更好地协调与控制整个农产品价值链的经营活动，提高市场的反应速度和抵御市场风险的能力。此外，对价值网各个层次的信息进行集成，将提高信息的透明度，把价值链上的信息不对称降到最低，进而掌控产销数据，把握市场方向。

二、价值链整合模式案例分析

北大荒米业集团在主产区下辖三江、友谊、卫星等 35 家稻米加工厂，其中 30 万吨规模的达到 7 个，并在主销区设立 7 个区域的销售公司，同时控股大连贸易公司和香港离岸公司。其建立的自我产业链品牌，位列全国大米加工业 50 强前列，并入选全国首批放心粮油示范企业。其不仅通过 ISO9001、ISO14001 和 ISO22000 国际标准体系认证，同时建立自我农产品质量体系。整体来说，北大荒米业集团具有了明显的规模、基地、品牌、技术及绿色产品优势。

现在生产的"北大荒"品牌系列大米被评为中国名牌产品、最具市场竞争力品牌产品，成为老百姓厨房餐桌上的"放心米"。北大荒品牌价值达 205.36 亿元，产品市场占有率、出口量、品牌知名度均居行业领先地位，成为我国最具规模的国有稻米加工企业。

值得说明的是，这归功于 2004 年初集团实施的 ERP 项目。该项目涵盖了库存管理、采购管理、财务管理等模块。同时，该集团建立了电子商务采购系统，该系统后台与内部 ERP 实时连接，前台通过 WEB 网站发布采购信息。供应商登录到网站获取北大荒集团下达的采购计划以及采购订单，这种方式提升了北大荒集团的信息流传播速度，减少了低效且缓慢的人工传输环节。除此之外，北大荒集团的网站还建立了与经销商之间的网上交易系统。北大荒通过电子商务系统，已成为供应商、经销商、最终客户、物流服务商等众多价值链环节的整合者，这大大提升了北大荒集团的创新能力，实现了产业链的全程控制。此举实现了以"突出小包装米和高端米为主的大米产业"为主业，以"原粮贸易"为左翼，以"离岸金融及金融衍生品"为右翼的三大经营板块，拉动 8 万农户增产增收，使大米产业链的上中下游互动起来，在其经营领域里达到了"突破营销短板、产品研发创新、金融模式创新、优化供应链、标准化建设"的战略举措。

第二章 农民专业合作社与农产品电子商务发展

农民专业合作社是我国农民一种重要的组织形式,它对于农村经济的发展具有重要的作用。我国的农民专业合作社有着较长的历史,从新中国成立至今,经历了三个发展阶段。农民专业合作社在农村经济中具有重要的地位,国家和政府也十分重视农民专业合作社的发展,出台了多项政策支持农民专业合作社的发展,将农民专业合作社的发展作为解决"三农"问题的重要方式之一。改革开放以来,我国农民专业合作社有了较大的发展,农民专业合作社数量不断增加,涉及的范围也越来越广,在农产品电子商务发展的背景下,农民专业合作社应发挥其作用,支持和推动农产品电子商务的发展。

第一节 农民专业合作社发展现状及存在的问题

一、农民专业合作社的发展现状

（一）农民专业合作社的总体发展情况

中国国家工商总局发布的消息显示,截至 2015 年 4 月底,中国正式注册的农民专业合作社已达 137.3 万户,出资总额达 3 万亿元。《农民专业合作社法》（修订时间 2017 年 12 月 27 日,施行时间 2018 年 7 月 1 日）的颁布促进了中国农民专业合作社的大发展,早在 2013 年 6 月底,合作社的数量已经达到 2007 年底的 32 倍,加入合作社的成员占全国农户总数的 25.2%,合作社涉及的产业面日益增大,主要涉及种养业、服务业和加工业,涉及种植业、养殖业和服务业的合作社分别占总体的 45.9%、27.7% 和 18.6%。

目前,我国农民专业合作社的相关数据因统计口径不同,表述的方法和统计出的数量也略有不同。整理和统计相关的数据可知,我国农民专业合作社数量的增长速度呈现递增形式;我国在 2007 年及以前的统计数据主要是针对比较规范的农民专业合作经济组织,2007 年 7 月《农民专业合作社法》实施之后,2008 年至今的统计数据主要针对农民专业合作社。

（二）我国农民专业合作社的主要特征

我国的农民专业合作社一般都是结合当地实际和农民群众的思想认识水平，探索出各自的发展路径。虽然存在较大的个体差异，但是对其发展总体进行观察，不难发现当前中国农民专业合作社的一些具有共性的基本特征。

（1）农民专业合作社创办时的路径主要有业缘、血缘和地缘三种。其中，血缘是合作的天然最短路径。农户即农民家庭，是当前我国农村经济活动中最重要的生产经营决策单位。随着农业现代化和农业产业一体化的发展，以家庭承包经营为基础的农户之间的合作成为一种必须，通常是生产或经营相同或相似农产品的农户联合起来闯市场，并组建起农民专业合作社，其中均体现了业缘、血缘和地缘的关系，正是这些关系促进了社员农户之间的联合与协作。

（2）农民专业合作社的财产独立于原集体经济之外。随着合作社的发展壮大，合作业务可能冲破原有的村组织、社区、血缘、业缘和地缘的界限，合作社的成员是按照行业和产业链组成的跨社区的联合与合作，摆脱了原有村组织及社区边界的束缚；再者，合作社的组织制度和治理结构也摆脱了"乡政村治"的束缚，可以顺应市场规律在更广阔的空间联合生产并开拓市场。

（3）农民专业合作社所覆盖的产业面日益增大。当前农民专业合作社主要涉及种养业、加工业和服务业，涵盖有果蔬茶、肉蛋奶和粮棉油等产品的生产、加工；同时，合作社也将其业务逐步扩展至植保、农机、民间工艺和旅游休闲农业等多个领域；合作社已经发展成为现代化农业的中坚力量，也必将主导农业一体化的发展。

（4）农民专业合作社所涉及的地区广泛。合作社涉及的地区已经不再局限于我国的中西部地区、偏远地区、贫困地区和少数民族地区等欠发达地区，很多农村经济发展较好的地区也都纷纷组建了农民专业合作社，如江浙地带，且目前已有众多合作社实行了跨区域型的发展与联合。

（5）农民专业合作社的发起者和组建者多种多样。当前，合作社的发起者和组建者主要包括经纪人和农村能人大户（生产、运销大户）、村干部、涉农企业、村党支部和集体经济组织、基层农业技术推广部门、基层供销社等。

（6）农民专业合作社的合作形式多样化。按照不同的标准对合作社的合作形式进行分类，根据业务类型分类，合作社可分为劳务合作、产品合作、技术/资金/土地承包经营权入股等生产要素领域的合作；根据服务职能的不同，合作社可分为生产型、服务型、加工型、销售型和综合型等五类；根据其发起者身份分类，合作社可分为农民自办型、经纪人或能人带动型、龙头企业带动型、部门依托型等四大类。而在最近几年，由于国家政策的倡导，由政府、党支部和村委会发起的合作社数量也较大。

（7）农民专业合作社处于不断发展的状态，各方面的能力均不断增强。目前，经过国家和相关单位的引导，已有较多农民专业合作社认识到其现有技术和服务的不足之处，因此，逐渐拓展自己的业务范畴；从简单的技术和信息服务向农资供应和统防统治等服务延伸，由简单的产前和产中的生产服务向产后的分级、包装、加工、储藏营销与流通等服务拓展，甚至积极响应党中央近年来的号召，开展起内部信用合作业务。

总的来说，我国农民专业合作社具有规模灵活性、类型多样性、组织结构简约性、组织功能社会性、农民群众自主性和参与性、乡土知识通用性等特征。现阶段，随着农民专业合作社的发展壮大，合作社已经逐渐成为当前我国农业和农村改革发展的一大亮点。

二、农民专业合作社存在的问题

（一）农民专业合作社数量激增、质量亟待提高

从 2003 年实施修订后的《农业法》以来，连续多年的"中央一号"文件、中共十七届三中全会、十八届三中全会都提到合作社的发展问题，默认了大力发展合作社是稳定农村基本经营制度的核心。其中，2013 年的中央一号文件中明确指出要"大力支持发展多种形式的新型农民合作组织""培育农业经营性服务组织""创新服务方式和手段"；2014 年的中央一号文件中又明确指出要"扶持发展新型农业经营主体""鼓励发展专业合作社、股份合作等多种形式的农民合作社""引导发展农民专业合作社联社"；2015 年的中央一号文件提出要"推进合作社与超市、学校、企业、社区对接""引导农民专业合作社拓宽服务领域"，合作社早已成为新农业的切入口而队伍日益壮大。然而，在政策的导向下，有些合作社是基层政府或部门为了求政绩、赶时髦、凑数量，通过行政命令强行推动而建立起来的，单纯是为了追求合作社在数量、成员人数、带动农户数、出资额和社员增收效应等不切实际的指标来推动合作社的发展；再者，多数合作社的运行不够规范；合作社的盈利能力有待进一步提高。在合作社数量激增的发展势头下，其总体发展质量和营运绩效却良莠不齐，社会各界的评价也褒贬不一。我国农民专业合作社的总体绩效并不高，其发展尚处于初级阶段，与国家的期望和农民的期待都还存在一定的距离。

（二）农民专业合作社角色定位模糊不清

虽然目前我国农民专业合作社在帮助农民增收方面已卓有成效，但由于其组建形式的多样化，加之其他产销组织和个人的参与，农民专业合作社的运营并不规范，对自身的角色定位并不准确，合作社现阶段正处于并将长期处于摸索前进和逐步成长的状态。再者，农民专业合作社的角色应该是与时俱进的，是会随着环境变化和发展的，需要不断地进行调适和整合。然而，大多数合作社都没有健全的管理控制体系，部分合作社的管理者在其运行过程中控制现象严重，而社员

的科技文化素质参差不齐，对于合作社的认识不足，也没有实质性地参与合作社的管理、决策和监督，以至于合作社本身和社员农户都无法对合作社的角色进行准确的定位，角色调适和整合则更是无从谈起。另一方面，合作社角色定位的恰当与否也将直接影响到其职能的发挥，由于合作社角色定位不准确，以至于其职能履行情况出现了不足甚至残缺。由此可见，合作社角色恰当定位的目的，归根结底，就是要使合作社的职能能够彻底发挥出来；合作社对自身正确的角色定位可以提升合作社绩效，依据环境变化不断对其角色进行调适可以促进合作社有效并持续发展。

（三）农民专业合作社运行不够规范，职能履行情况堪忧

首先，我国现有的农民专业合作社有很多都是由之前的专业协会转制而来的，其设立程序不一定符合法律要求，一些如设立大会、成员磋商、选举理事会和监事会成员、通过章程等必要程序不走或不完全走。其次，一些龙头企业没有经过实质性改造便改头换面打着合作社的名号到工商部门登记为合作社；一些龙头企业或专业大户将自身资产全部作为出资额进行注册，不符合合作社资金筹集的法律要求。再者，合作社在对自身的经营和管理，对社员的合作与服务，对非社员农户的带动与指引等方面存在许多不符合法律规定的地方，损害了合作社的团结精神，使其陷入信任危机。另外，部分农民专业合作社对自身的职能定位不清，履行情况堪忧，也有部分合作社根本形同虚设，没有实质内容。总的来说，我国的农民专业合作社尚处于发展的初级阶段，不同区域中的主体在发展情况上有较大区别，经营的产品种类和内部结构均不统一，其职能作用也存在较大差异；且在实际操作中，大多数合作社并没有完全依据农民需求承担其作为中介组织应有的职责和功能。职能缺位、职能定位不准确、职能转变，这些都是合作社在发展过程中必然要经历的阶段和过程。

除此之外，农民专业合作社的经营尚存在很多需要解决的难题。比如，鲜活农产品属性特性带来的分销难题、农产品营销人才匮乏而带来的营销手段落后和品牌意识薄弱等问题、农产品营销渠道有限性问题、融资难题、国家优惠政策的门槛过高难以达到的问题、农业保险保障经营问题、全国性信息平台的构建问题、水利用的问题、土地过于分散难以整治和土地流转问题等。

第二节　农民专业合作社在农产品流通中的作用及 SWOT 分析

所谓 SWOT 分析，S（strengths）是优势、W（weaknesses）是劣势、O

（opportunities）是机会、T（threats）是威胁[①]，即基于内外部竞争环境和竞争条件下的态势分析，就是将与研究对象密切相关的各种主要内部优势、劣势和外部的机会和威胁等，通过调查列举出来，并依照矩阵形式排列，然后用系统分析的思想，把各种因素相互匹配起来加以分析，从中得出一系列相应的结论，而结论通常带有一定的决策性。

当前我国大部分地区农产品流通仍然是在传统模式下进行的，一方面是传统的农产品流通模式效率低下，农户获益甚少；而另一方面，在发达国家和我国某些地区实践良好的基于专业合作社的农产品流通模式在我国大部分地区发展十分缓慢。这种现状促使我们更进一步研究基于专业合作社的农产品流通模式，以求缓解这种局面。

由于规模经济以及市场势力等因素，起核心作用的流通主体的组织形式不同往往造成同一种商品的流通效率有很大不同。譬如个体或者经营规模较小的流通主体在流通费用、流通时间、流通半径上往往远低于大型的农产品流通企业；而在以农民专业合作社为核心的农产品流通模式中，农户往往能获得较单独销售更高的价格，且这个价格更加稳定。

一、农户通过合作社对接销售终端

这种流通模式正是"直销"的一种，省却了传统流通模式中的大部分流通环节，整个流通环节参与者数量大大减少，传统的流通成本也相应降低。这种模式为：农户→农民专业合作社→销售终端（农贸市场、超市、宾馆等）

在我国，这种模式目前正处在发展阶段，这种模式的特点是：通过建立专业合作社，将从事同类农产品生产经营的农民组织起来，架起一家一户小生产与大市场的桥梁，农户不再是单独面对市场，而是以农民专业合作社核心"抱团"闯市场，农产品的销售从自发、分散转为由合作社或专业协会等统一组织，有序销售。在该模式下，专业合作社是由农户组成，利润在参合农户间分配，而农户将更多精力投入生产当中，而且由于合作社主导流通的农产品数量较大，规模经济突出，能更有效参与市场竞争，同时抵抗市场风险的能力也大大强于农户单独闯市场的传统农产品流通模式。当前大力提倡的"农超对接"模式，包含超市直接对接农户和超市对接农民专业合作社这两种选择，前者在流通环节上极其简洁，整个流通环节只有两个主体，但这种模式下农户由于个体规模较小，只能是超市的依附，在市场中仍然是价格接受者的地位；而经过专业合作社的联合，农产品

[①]　李敏. 一带一路下的国际多式联运 SWOT 分析［M］. 北京：现代教育出版社，2016.

提供者将在市场上拥有一定的议价能力和抗风险能力。

二、农户通过合作组织对接流通企业或批发市场

除了对接超市及其他销售终端以外，农户通过农民专业合作社对接农产品流通企业，即所谓的"订单农业"模式是较为常见的基于农民专业合作社的一种农产品流通模式。这种模式为：农户→农民专业合作社→农产品流通企业→销售终端（农贸市场、超市、宾馆等）

这一流通形式由农民专业合作社作为流通的中介组织发挥作用。他们接受龙头企业或加工企业的订单，或发动本合作社的会员，或自办生产基地，种植某种企业所指定的农产品，然后按企业要求制订出生产操作规程，生产出符合要求的农产品，提供给龙头企业或加工企业，然后由这些企业进行销售流通。

大型的农业龙头企业在农产品的流通规模、流通技术、流通半径等方面有着其他流通主体无法比拟的巨大优势。同时，在龙头企业巨大的流通数量前提下，与农户进行点对点的对接显然缺乏效率，而农民专业合作社正是该流通模式中核心的一环，分散的农户与生产基地通过各种农民专业合作社联合、统一起来，与有实力的龙头企业对接，实现强强联合，既简化了流通环节，又通过合作社增强了农户在流通过程中的市场实力，更重要的是单个农户最担心且难以承担的市场风险通过联合被降至最低。

三、基于合作社的流通模式 SWOT 分析

（一）S：优势分析

1. 流通环节减少，流通成本降低

相比较传统农产品流通模式而言，基于农民专业合作社的流通模式省去了传统的购销商、各级批发商，使得流通环节大大减少，相应的，传统流通模式下由各级中间商赚取的利润将节省下来，农产品滞留所产生的费用也都将省去。流通环节的减少使得流通过程更加简洁，同时大大降低时间成本和经济成本，减少中间环节损耗，使得农产品更具价格竞争力。

2. 农户风险降低

传统农产品流通模式中，农户将单独面对市场，因为处在价格接受者和市场信息获取困难的地位，所以需要承担较高的市场价格变动风险。而在基于合作社的流通模式下，合作社将对内部会员的产品统购统销，面对固定的价格，农户的风险成功转移到了合作组织，而合作社由于较大的经营规模，在议价和市场信息获取方面具有一定优势，所承担的平均市场风险降低，而信息的迅速反馈能帮助

农户及时调整产量和品种，更进一步降低了风险。

3. 合作社议价能力强

合作社的经营规模比单个农户要大很多，因此市场议价能力更强，更容易获得较高的农产品成交价格，例如南川区仁乐蔬菜种植专业合作社，以重庆盘溪农产品批发市场、毛线沟农产品批发市场为重点销售渠道，通过合作社自主销售与前期农民自销情况对比，合作社销售的价格比农民当地自销增加收入达 40％以上。

4. 流通半径大

大型超市、专门从事农产品流通的流通企业，在集约化程度与流通的硬件设施等方面都更有保障，合作社与他们对接时，能使流通半径比销售给传统批发商时大大增加，部分有资质的流通企业甚至将流通半径扩展到国际市场。即便是合作社自己对接批发市场，其流通半径也比散户经营大了很多，例如重庆毛线沟批发市场就有来自贵州的合作社设立的直营店。更大的流通半径对生产者和消费者而言，都意味着更广阔的市场和更多的选择和机会，这是其他流通模式所不具备的。

（二）W：劣势分析

1. 搭便车现象

由于农产品生产的特殊性，各家各户的农产品品质不可能完全一致。由于统一售卖，生产低品质农产品的农户将有可能产生搭便车行为，而高品质农产品生产者可能在统一销售中受到损失，专业合作组织为了防止搭便车行为发生，可能需要对农产品集中的过程严格监督，中间不可避免产生矛盾、纠纷以及相应的处理费用，监督成本的大小将因各合作组织的具体情况而不同。

2. 合作组织运营费用

农民专业合作社不是凭空存在的，它的建立，需要农户的参加、行政的审批等多个环节，不可避免地会产生一笔费用。目前在我国，具体到各个合作社，这笔费用数量并不大，且部分由上级财政予以支付。合作社作为一个实体机构，除了参合的会员外，还要有一定数量的工作人员，拥有一定的场所，产生日常的工资、租金、水电费等费用，这些费用都是原来传统模式下不存在的。

（三）O：机会分析

1. 政府的扶持

2009 年，商务部会同财政部、农业农村部在全国 17 个省（市、区）开展"农超对接"试点，支持大型连锁超市和鲜活农产品产地的农民专业合作社直接对接，重点支持冷链系统、配送中心、快速检测系统和农产品品牌建设。在商务部之外，各省市地区也相应制定了"农超对接"的相关政策，由政府出面组织各方交流接触，打通流通渠道，大力推动了该种模式的发展，除了超市，农产品流通领域的龙头企业也在近年得到了较大发展。

2. 合作社发展迅速

近年来，各地农民专业合作社在政府支持下，发展迅速，过去一些合作社只是挂牌，但并未脱离行政机构范畴，不办实事的现象得到了极大改观，合作社积极服务农户，参与流通过程，伴随着合作社运营效率和服务质量的提高，使得市场具备了支持新的农产品流通模式的组织基础，使得农户在农产品流通领域孤立无援的境况得到改善。

3. 农产品价格上涨

农产品价格自 2009 年较大幅度上涨以来，一直保持在较高的水平，普通老百姓降低农产品价格的要求很强烈，此时能降低农产品价格的一切手段都将得到社会绝大多数人的支持，而基于合作社的农产品流通模式在世界范围内已经被验证能有效降低农产品的流通成本，从而使农产品零售价格下降成为可能。在这种前提下，政府改造传统流通模式的决心将不会动摇，而希望获得高利润的企业与个人也将会被吸引，加快转变传统的农产品流通模式。

（四）T：威胁分析

1. 成熟的传统农产品流通模式

传统的农产品流通模式经过多年的发展，已经成为各个环节发展完全的有机体，有大量有经验的批发商、经纪人存在，且农户也对传统的流通模式习以为常，并不容易改变，想要打破原有的利益格局并非易事。

2. 大型超市与流通企业

超市和流通企业是基于农民专业合作社的农产品流通模式中，合作社进行对接的重要对象。但目前，在我国农产品流通领域，大型超市与流通企业发展迅速，在渠道建设方面积极开拓，与农民专业合作社之间一方面是合作的关系，但在市场上，也是竞争的关系。

合作社是"主角"，但是面对大型超市与流通企业在规模、技术、资金方面的优势，经营效率低的合作组织可能会被"抢戏"。大型的超市和流通企业可能会借助自己在流通领域的垄断势力从田间地头的收购环节到批发市场的销售环节绕开甚至排挤合作社，基于企业追逐利润最大化的天性，可能会进一步挤占农户的利润空间。

通过对 SWOT 分析可以发现，中间环节的减少带来了流通效率的提高与中间环节费用的降低，这是这种模式最直观的优势所在，针对的正是传统模式的劣势，在农产品价格近年来上涨较为迅速以及政府开展"农超对接"、扶持龙头企业的外部环境下，农产品流通模式成为人们关注的重点。但是在优势背后，也存在一些新的弊端，最为突出的就是合作社进行统销的行为对各个农户带来的影响并不相同，搭便车的现象存在，使得合作社中部分农户的参与积极性下降。同时，我国农民专业合作社在经济活动中的资质也是参差不齐，合作社内部产生的费用有可能高于流通环节减少所降低的成本，这样就得不偿失，这些是直接的影响。而另一方面，更少的流通环节，更少的参与主体，使得过去传统流通模式中所创造的就业岗位减少，对社会的影响难以通过流通成本的简单加减得到。因此，模式本身存在一些制约因素，且流通主体在不同时间、地点所处的外部环境不同，即使同是基于合作社的流通模式，对接的对象也不相同。

第三节　农民专业合作社的内涵及生成与发展路径

一、农民专业合作社的内涵

（一）自愿、自由、民主基础上的互助性经济组织

农民专业合作社，常常也被称作农村合作经济组织、农民专业合作经济组织或农业专业经济组织等，它是农民联合自助的经济组织，是在共同的利益和需求基础上建立起来的。

目前我国农民专业合作社既有企业性经济组织，又有社团组织，并且业务范围也十分广泛，组织形式多种多样，多种类型并存。根据中国社会科学院社会政策研究中心 2008 年发布的《农村新型合作组织综合研究报告》，1978 年后农民合作组织的发展，可以分为三个重要时期："一是改革的早期，整体上几乎没有新型农民合作组织相关的系统活动，只是开始出现了一些合作组织的雏形。发展的类型以农民专业技术协会为主，发展的目标主要是解决农民生产中遇到的技术问题。同时，也出现了农村社区储金会一类的金融合作组织。二是 20 世纪 90 年代以后，随着农产品市场化进程加快，仅仅在农业技术方面合作已经很难满足农民的需要，一批生产经营型合作社和小额贷款组织应运而生。不过，前者基本上处于自发发展阶段，后者主要在国际组织支持下有一定程度的发展。三是进入21 世纪以来，新的生产经营型合作社发展很快，新一代投资型合作社也开始出现并发展，同时，农村文化、卫生、老年等多样化的社会组织也应需要而产生。经济类合作与社会类合作开始出现自相融合的趋势，逐渐进入一个自发发展与政府推进相结合的新阶段。"

农村合作经济组织形式多种多样，但从合作经济组织发展的成熟度来看，无非包括农业专业协会和农民专业合作社两大类，同时基于农业品牌建设及农业产业化经营的角度，农民专业合作社大体上则可以分为三大类型：较经典的合作社、股份倾向的合作社和专业协会①。具有股份倾向的合作社其实也可以被纳入专业合作社的范畴。其中，农民专业合作社多数在工商行政管理部门登记为企业法人，农业专业协会多数在民政部门登记，注册为社团组织。

农业专业协会是我国农村改革开放以来最早出现的在农民自愿基础上建立的专业服务组织。它主要开展农业技术推广和技术服务，是农村技术推广组织的制度创新。最初它并不是真正意义上的合作经济组织，但随着自身实力的不断增强，逐渐涉及其他产前、产后服务，技术经济合作色彩浓重。

1995 年国际合作社联盟第 31 届大会通过了《国际合作社联盟关于合作社的定义、价值和原则的详细说明》，国际合作社联盟对于合作社的定义是："合作社是自愿联合起来的人们，通过联合所有民主控制的企业来满足他们共同的经济、社会、文化的需求与抱负的自治联合体，他们按企业资本公平出资，公正地分担风险、分享利益，并主动参与企业民主管理。"国际合作社联盟还对这一定义做了详细说明：①合作社是自治组织，尽可能地独立于政府部门和私营企业；②合作社是"人的联合"；③人的联合是"自愿"的，社员有加入和退出的自由；④合作社由其社员组织起来，并着眼于社员，社员的需要是合作社存在的主要目的；⑤合作社是由全体社员"共同所有和民主管理的企业"，合作社的所有权在民主的基础上归全体社员所有。

在我国农民专业合作社的发展经历了曲折的发展历程，组织形式也不断发生着变化，国内对于农民专业合作社一直也没有一个为大家所共同认可的定义。随着国家专业合作社法的颁布实施，人们对农民专业合作社和专业合作组织的认识也逐渐清晰。

（二）一种区隔于企业的互助性经济组织

通过建立互助性的团体和组织实现生存、发展，这正是人的主观能动性和创新变革能力的集中体现。原始人的组织是一种依靠默契进行协同的低级组织，随着原始社会向奴隶社会的过渡，人类的正式组织——小规模的生产劳动组织取代了原始的低级组织。在资本主义之前人类社会基本上都是以小规模的生产组织为特征的，伴随着资本主义和工业革命的发展，为实现特定目标和承担特定功能的

---

① 农业农村部农村合作经济指导司. 中国农村合作经济统计年报（2019 年）［M］. 北京：中国农业出版社，2020.

大规模社会生产组织在不断地发展和完善。现代社会已经成为一个高度组织起来的社会，形形色色的组织成为社会生活的基本单元。而经济组织则是人类社会最基本、最普遍的社会组织，是现代社会的基石。农民专业合作社与企业一样都是一种社会经济组织，但它的发生和发展有着其特定的轨迹。

企业作为一种从事生产和经营活动的组织，是市场上最为基本和普遍的经济组织；农民专业合作社则是一种不同于公司制企业乃至集体经济的互助性经济组织。

企业作为经济组织和社会组织由来已久。柏拉图从使用价值的角度出发看待分工，社会中人的需求是多方面的，但人的能力却是有限的和片面的，因而分工和互助就成为必然。分工能够增进效用的质和量，互助则是团体和组织形成的基础。站在分工提高效率的角度，亚当·斯密认为企业是分工和专业化的产物[1]。继亚当·斯密之后马克思从生产关系和生产力两个方面对企业进行了研究，他把企业看作是人类利用社会生产力的一种载体[2]。在完全理性、信息充分和完全竞争的假设下，基于新古典微观经济学的新古典企业理论把企业看成是一个将投入转化为产出的黑箱，是一个按照边际成本等于边际收益原则进行产品产量和价格决策的生产性组织。

作为现代企业理论的代表人物，科斯认为市场的运行是有成本的，即存在交易费用，而企业这种组织的存在正是由于它能节约市场的交易成本，市场与企业是两种相互替代的经济组织。"企业最显著的特征在于，它是价格机制的替代物，因为在企业内生产要素所有者之间的交易被取消，要素的配置由企业内部的权威决定，从而可以节约交易费用。"企业契约理论将企业看作是一种组织交易的契约，在科斯看来企业和市场是两种不同的组织分工形式，企业是与市场不同的契约，二者可以相互替代，以阿尔钦和德姆赛茨为代表的产权理论认为企业本质上是一种契约，企业契约使得企业得以以一种"团队生产"的方式存在，通过企业契约能够有效地减少团队生产中的搭便车行为[3]。所谓的"企业"取代"市场"的说法是不确切的，企业与市场并没有什么区别，只是用一种市场取代了另一种市场而已，因而企业是一种契约形式取代了另一种契约形式。

农民专业合作社是一种不同于公司制企业乃至集体经济的经济组织。改革开放以来农村商品生产和农村经济体制转向市场经济体制，在农村人民公社制度瓦解，农业生产重回小农户耕作体系之后，以家庭承包经营为基础的小农户重新成为独立的社会主体，在政府的指引下依照合作制的基本原则，发起组建和成立了

---

① 陈其人. 亚当·斯密经济理论研究［M］. 上海：上海人民出版社，2014.

② 曹典顺. 马克思社会建设逻辑［M］. 北京：中央编译出版社，2020.

③ （美）科斯，阿尔钦，诺斯. 刘守英，等，译. 财产权利与制度变迁［M］. 上海：上海人民出版社，1994.

多种形式的合作组织。农民专业合作社"作为市场经济条件下的一种'制度安排'和'行动集团',其形成及稳定存在的根本原因在于节省交易费用"。生产效率和交易成本是决定农产品竞争力的基本因素①。在农业生产经营领域,由于小规模农户经营的大量存在,农户面对的市场竞争对手是规模化和组织化程度极高的公司制企业,其市场劣势显而易见,因此以组织化的形式参与市场竞争显得尤为重要。同时,虽然企业是一种能够替代市场、节约市场交易成本的契约组织,可是由于有限理性、机会主义及信息不对称等因素的影响,在农业生产经营领域,如果交易的完成仅靠市场、企业或政府三主体之一单独来协调,势必会造成交易费用的上升,这时就需要借助一定的中介组织来协调交易的进行,从而能够降低交易费用,提高生产效率。

二、农民专业合作社的生成与发展路径

改革开放以来我国农村生产力得到了极大解放,农业产业化进程加速推进,农民收入不断增加。然而,我国长期存在的城乡二元经济结构和地区间经济发展不平衡问题依然突出。在广大的农村由于经济发展水平、自然地理条件及社会人文环境的差异性,各地农民专业合作社的生成机制、组织方式、发展模式等也都各有特色。

总的来看,农民专业合作社的生成和发展主要包括"诱致性制度变迁"(市场驱动)模式、"强制性制度变迁"模式以及"诱致性制度变迁"和"强制性制度变迁"相结合的模式。

按照"牵头人"的特征,全国人大农业与农村委员会课题组将农民专业合作社发展类型进行了分类:"一是以农民牵头领办的,包括农村能人和专业大户;二是企业牵头领办的,主要是从事农产品加工的龙头企业;三是依托涉农部门、乡村干部领办的,主要包括农技推广部门、七站八所、基层供销社、乡村干部;四是其他形式兴办的②。"根据合作社创办人与政府的关系,合作社分为"自办型农民合作组织、官办型农民合作组织、官民合办型农民合作组织"三种类型。基于我国已有的农民专业合作社发展模式,构建了以市场调节资源(市场拉力)与政府宏观调控(政府推力)的二维度模型,形成了双低驱动型、市场驱动型、政府驱动型、双高驱动型四种农民专业合作社的发展模式。

第四节　农民专业合作社电子商务规划

近些年来,政府高度重视农民专业合作社事业的发展,出台了一系列有关农

---

① 孙树志. 合作共赢 农民专业合作社［M］. 北京:中国民主法制出版社,2016.
② 崔宝玉. 农民专业合作社发展研究［M］. 合肥:中国科学技术大学出版社,2016.

民专业合作社发展的支持政策和措施，农民专业合作社得到了迅速的发展。据农业农村部统计，截至2011年6月底，全国在工商行政管理部门登记的农民专业合作社已达44.6万家，合作社实有成员3570万户，占全国农户总数的14.3%。随着合作社快速发展壮大和农业信息化建设的推进，为合作社管理者提出了如何借用电子商务手段提高合作社经营水平的问题。本章在分析农民专业合作社的组织模式和电子商务相关理论的基础上，研究了农民专业合作社发展电子商务的模式和电子商务系统的规划。

一、农民专业合作社的组织模式

20世纪90年代中期，面临农业发展难题，大量实践经验启发我们：要解决千变万化大市场和千家万户小生产的矛盾，唯一的途径就是合作起来。"有合作必有分工，有分工必出专业，有专业必上水平，有水平必现规模，有规模必生优势，有优势必上市场。"不管是生产加工企业还是销售企业，或者是批发市场、超市，都需要合作。农民作为小生产者，先得自己联合起来，再与他们进行二度合作，这样才可以拓宽合作空间，才有可能抢占主动位置，保护自己的权益。农民专业合作社应运而生，联合大量的农业小生产者、小服务者，参与到市场活动中去。

随着农民专业合作社的发展，合作社的数量不断壮大，其组织形式也多种多样。从组建形式看，主要有农村能人带动型、农技（供销）等部门牵头型、企业带动型和股份合作型四种。

（一）农村能人带动型的"能人＋合作组织＋农户"

能人是指懂技术、会经营，在农产品种养、生产和运销方面有威望的人，他们在利用技术或销售渠道方面有非凡能力。农村能人带动的"能人＋合作组织＋农户"这种组织形式非常普遍，其在引导农户发展生产、进入市场、疏通产销环节、获取市场信息方面起了很大作用。由能人牵头成立合作组织，农户自愿加入，农户家庭分工生产农副产品，然后以种养大户牵头、销售经纪人为纽带、技术人员为支撑，把分散经营的农户联合起来，形成统一生产、加工、销售联合体。在实践过程中，生产什么在"能人＋合作组织＋农户"的组织形式中，是由合作社根据市场分析而做出决策，然后把生产任务下达给入社的农户。在如何生产的问题上，合作社只是起一个技术服务和指导的作用，而具体的生产多少、怎样安排生产则由农户自主决定，即农户在组织中享有很高的自主权。农户的决定则是在进行了成本-收益分析后，追求最大化利润的行为结果。这种合作社组织方式降低了分散农户家庭独自进入市场面临的各种风险；另外农户们组织起来，形成规模性农产品生产加工销售组织，以主体身份进入市场，增强市场谈判能力，最终增加了收益。

（二）股份合作型农业合作社

股份合作型农业合作社相当于股份制公司，农业合作社由农户自发组织，以资金、土地、生产资料等入股方式进行联合，由农民自行管理，按照利益共享、风险共担的理念经营的互助型经济联合组织。这种股份合作型农业合作社具有实体功能、服务功能和中介功能，能将分散农户统一组织起来，以农产品经济组织的身份代表农户参与市场活动，开展农副产品加工、运销、流通，拓展农业产业的增殖链，并在农业生产中向农户家庭提供技术服务和科技知识，有利于促进农业技术的推广应用，提高农户参与经济活动的竞争力，进而推动农业产业化进程。我国以家庭为单位的单个农户生产经营模式由于规模较小，在市场竞争中无力与具有明显的规模经济效应、动辄影响市场的大型农业企业相抗衡。所以，为了维护自身利益，避免农产品的销售价格过低且承担潜在的巨大风险，农户有意愿、有激情组建股份合作型农业合作社。

（三）农业技术部门牵头成立"农技部门＋合作社＋农户"

"农技部门＋合作社＋农户"这种组织形式主要是在农业技术服务部门的引导下组建，由县（市、区）乡镇农业技术服务部门想办法，开展服务，牵头引导农户联合起来成立的合作经济组织①。农业技术部门主要从事农业科学技术研究和推广应用，他们了解最新最好的农业技术，他们通过自身专业知识和农户的实际情况，向农户提供生产经营参考目标，并向合作社提供生产资料、肥料以及产前、产中和产后的技术服务和支持，合作社再把技术推广落实到各个农户家庭。农户农副产品收获后，由农业技术部门验收，然后再联系相关的农产品加工销售企业集中收购。

（四）企业带动型"龙头企业＋合作社＋农户"

"龙头企业＋合作社＋农户"这种组织形式的特点是：龙头企业负责提供农资采购、农业生产技术指导、农副产品加工、市场信息获取、农产品销售等服务，农户家庭分工生产农副产品，合作社在企业和农户之间充当中介，侧重联系和服务，使农户和企业之间的直接交易转化为企业与合作社的组织化间接交易，同时将分散农户的原材料生产和企业农产品专业化加工连接起来，发挥企业加工销售农产品的优势。企业专业性强，负责市场分析预测、生产任务制订和农副产品收获后的集中加工和销售；农户家庭是在企业的指导下，按照企业下达的任务，进行一定数量、品种及主要品质的农副产品的实际生产。这种组织模式的优势是利用合作社作为桥梁纽带把农户和企业连接起来，使农产品有稳定的销路，在一定程度上可以降低农户的市场风险，带动农户生产的积极性，增加农民的收入。

二、电子商务的四种主要形式

从现有的电子商务模式来看，按其参与者在经济活动的身份，把电子商务分

---

① 姜龙，刘凯声，张洪波. 村集体经济组织会计农村集体三资管理农民专业合作社会计［M］. 北京：中国财政经济出版社，2020.

为四种形式：企业对企业电子商务（B2B）、企业对消费者电子商务（B2C）、企业对政府电子商务（B2G）、政府对政府电子商务（G2G）。

（一）企业对企业（B2B）

企业对企业（B2B）的电子商务是指企业与企业间商务活动借用互联网等现代信息技术来实现，这种模式彻底改变了传统的商务模式。企业对企业的电子商务是电子商务的主流。传统企业间的商务活动一般靠电话、纸质文档来传递信息，商务活动管理过程步骤复杂，周期漫长。而以电子商务方式进行，企业间的商务活动更多以信息网络的方式来传递信息和管理订单，节约了资源，提高了企业效率，从而形成了企业竞争优势。Philips Lighting 是飞利浦专门生产照明设备的部门，其直接销售渠道包括一些大型代理商和很多中小经销商。以前，公司的订单管理主要是通过电话和传真进行，由于订单量比较大，处理这些订单请求花费了大量的人力、物力。为此，公司建立一个系统，专门处理中小经销商提交的订单，要求他们通过系统提交订单。系统的运行降低了订单处理投入，缩短订单处理周期，为公司节约了成本，提高了效益。

通用汽车公司用于采购业务而建立的 B2B 电子商务系统，不但完成通用公司每年 870 亿美元采购业务，还引入超过 3 万家供应商在系统上交易并收取一定的手续费，专家估计系统为通用汽车公司每年带来 50 亿美元的收入。

（二）企业对消费者（B2C）

企业对消费者（B2C）是指企业与终端客户（包括个人消费者和组织消费者）依托因特网等现代信息技术手段进行的商务活动。今天所谓的 E－business 时代的 B2C 是企业通过因特网把商品或服务直接传递给终端消费者，中间没有其他任何环节，改变了传统的"生产者-代理商-经销商-消费者"的模式。B2C 模式是一种电子化零售方式，主要采用在线销售形式，实现公众消费或向公众提供服务，并保证销售订单和支付手段电子化。电子商务 B2C 模式最为大家所熟悉的实现形式就是网上商店、网上书屋、网上售票等，甚至有些电子商务网站所经营的商品五花八门，无所不有。

但不管怎样，这些新型电子商业模式的应用，使人们在家通过电子商城，就可以购买需要的商品或享受各种服务。这毫无疑问是商业应用的一大进步。已有很多这一类型电子商务成功应用的案例，如亚马逊网上书店、可以在网上预订意大利馅饼和其他快餐食品的必胜客等。为了方便消费者，网上商品做成了电子目录，其中有商品的图片、详细说明、尺寸、价格和折扣信息等。网上购买引擎或购买指南可以帮助消费者在众多的商品品牌之间做出选择，消费者对选中的商品只要用鼠标一点，再把它加入电子购物车就可以了。消费者在付款时需要留下自己的联系方式和地址，网上购物就完成了。

戴尔公司是全球知名的计算机网络直销企业，也是成功从传统商务转型为电子商务的企业。在互联网浪潮来临之时，戴尔公司把握机遇，把其电话直销计算机的全部业务搬到因特网上，在其网站上推出电子商务功能，通过互联网接受消费者的电脑订货要求，然后迅速向客户直接发货。公司为售出的每一台计算机贴上唯一的服务编号，客户需要技术支持时，通过售后网络报上服务编号，技术人员就能快速提取产品相关资料，提供服务。同时，戴尔公司为用户提供个性化定制服务，增加了产品的销量，更了解了客户的真正需要，成功地利用电子商务使戴尔公司保持了快速的增长，成为全球最大的计算机经销商之一。

（三）企业对政府（B2G）

企业对政府（B2G）的电子商务模式，即"商家到政府"，它是指企业与政府之间通过因特网等现代信息技术手段进行的交易活动。政府与企业之间有着紧密的联系，政府作为消费者需要企业各种产品和服务，另外企业的各项活动要在政府的管理下进行。

企业和政府日常业务包括政府采购、电子报税、电子通关、电子报检、政策条例发布等。例如，在B2G模式下，政府日常采购信息可以通过因特网发布，企业可以通过人工或电子手段获取采购信息，双方在互联网大平台上完全平等地以电子方式完成交易。对于政府来说，通过利用电子商务来管理采购业务，一方面提高了工作透明度，便于建立监督机制，遏制中饱私囊问题；另一方面提高了工作效率，降低了行政成本。因此，企业对政府的电子商务正在积极实施中。

（四）政府对政府（G2G）

政府部门行使社会综合管理和服务职能，其管理效率涉及社会生活的各个方面。随着社会经济生活越来越复杂，政府机构的缩减，传统的手工管理方式难以为继。国家在20世纪90年代开始实施"电子政务"工程，其目标是实现政府内部办公自动化和通信联络的计算机网络化，并与社会经济各部门、各行业的信息网络互联，提高工作效率，降低开支。同时，公民和组织能方便、及时地获得政府提供的服务，如医保信息系统、住房公积金系统、交通违章信息查询系统等，通过互联网就可以快速实现相关业务的办理。

电子商务系统是一种信息系统，它是支持组织商务活动的信息技术手段的集合。企业在因特网或其他网络平台上，借助信息技术和通信技术，实现生产、销售、服务等过程的信息化和最优化，在增值链的上游管理和下游管理上实现合作企业的紧密连接，从事务处理、日常管理和重大决策等层次全面提高企业利用水平，为企业提供商业智能服务。

三、农民专业合作社电子商务与电子商务规划

（一）农民专业合作社电子商务

电子商务是一个借助于网络平台的新型商务模式。20世纪90年代以来，电子商务的发展日臻成熟，给人类生活的各个方面带来了全新的改变。电子商务在整个商务活动中所占比例越来越大，作为一个新事物，它显示出强大的生命力。

在农业领域，它可以冲破时空的界限，为农民、农业组织等提供准确的、及时的市场信息，扩宽农产品销售渠道，为解决农业产业化经营中信息闭塞、滞后以及分散经营等问题发挥优势，很多学者已经从多个方面论证了电子商务对农业发展和农民增收的作用。因此，电子商务对于农民专业合作社的作用是可以预见的。

农民专业合作社是提供同类农产品或农业服务的分散农户，在自愿的基础上联合起来的一种合作经济组织。合作社组织的目标是实现农户经营利润的最大化。这种新型的合作社已经成为农产品及相关服务进入市场并开展农产品营销的重要途径，目前主要采用的形式有合作社产供销综合服务形式、合作社与加工企业连接形式、"社超对接"形式、合作社设专营店形式和合作社电子商务模式。其中，合作社电子商务模式是农产品营销发展的必然趋势。

2021 年 8 月 27 日，中国互联网络信息中心（CNNIC）在京发布第 48 次《中国互联网络发展状况统计报告》（以下简称《报告》）。《报告》显示，截至 2021 年 6 月，我国网民规模达 10.11 亿，较 2020 年 12 月增长 2175 万，互联网普及率达 71.6%。十亿用户接入互联网，形成了全球最为庞大、生机勃勃的数字社会。其中农村网民规模为 3 亿多，占整体网民的 29%。这些数据显示了农村信息网络的发展的速度和覆盖率，到 2010 年底农村网民中使用农村、农业网站的比例已经达到 47.2%，并且越来越多的农产品经销商和农民开始利用网络销售产品[1]。

另外，基于互联网的交易平台也得到了迅速的发展，据电子商务信息网统计，中国涉农网站数量达 2 万多家，其中有信息提供、第三方交易平台和直接电子交易等形式。这些都说明农产品电子商务得到了初步的发展，为农民专业合作社建设电子商务系统创造了条件。截至 2021 年 6 月，农产品网络零售规模达 2088.2 亿元，全国乡镇快递网点覆盖率达到 98%，有效打通了农村消费升级和农产品上行的末梢循环[2]。

农民专业合作社主要的商务活动是农产品的销售和生产资料的采购。在农产品销售活动中，其对象主要是组织客户和个人客户，采用 B2C 和 B2B 的混合电子商务模式，为个人和组织提供便利的农产品交易渠道，比如开通农产品网上零售店、"社超对接"系统、"社校对接"系统等。合作社生产资料的采购借用互联网，开通网络采购平台，提升采购活动的效率。

（二）农民专业合作社电子商务系统规划

农民专业合作社是由分散的农户形成民主管理的经济组织，其目标是尽可能获取最大的经营利润。在合作社经营管理中，借用信息技术和电子商务手段提高

---

[1] 中国互联网络信息中心. 第 48 次中国互联网络发展状况统计报告 [R]. 中国互联网络信息中心，2021.

[2] 中国互联网络信息中心. 第 43 次中国互联网络发展状况统计报告 [R]. 中国互联网络信息中心，2019.

合作社的经营水平，优化资源配置，提升经济效益。通过分析农民专业合作社的组织模式和信息需求，研究农民专业合作社电子商务运作的特点，对农民专业合作社发展电子商务进行规划，提出合作社电子商务经营目标、合作社电子商务经营策略、合作社电子商务系统的建设。

目标和合作社电子商务系统建设的内容。

（1）合作社开展电子商务的经营目标：拓展市场，增加合作社销售额，降低合作社经营成本。

（2）合作社开展电子商务的经营策略：通过网络进行合作社品牌形象宣传，农产品展示，农产品网上产品销售，通过电子手段采购原材料。

（3）合作社电子商务系统建设目标：利用相关信息技术，建立同时面向个人及集团客户的电子商务系统，帮助农民专业合作社开展市场推广、产品销售、原材料采购等活动，同时建设合作社内部各种管理信息系统，促进合作社提高运营效率，降低运营成本，最终增加合作社收益。

（4）合作社电子商务系统建设内容：合作社门户网站，合作社农产品网上销售系统，合作社农资采购系统，合作社内部信息管理系统。

第三章　供应链与农产品供应链概述

第一节　供应链的概念及管理

供应链最早来源于彼得·德鲁克提出的"经济链"，而后经由迈克尔·波特发展成为"价值链"，最终日渐演变为"供应链"[①]。早期的观点认为供应链是制造企业中的一个内部过程，它是指将采购的原材料和零部件，通过生产转换和销售等活动传递到用户的一个过程。传统的供应链概念局限于企业的内部操作，注重企业自身的资源利用。随着企业经营的进一步发展，供应链的概念范围扩大到了与其他企业的联系，扩大到供应链的外部环境，偏向于定义它为一个通过链中不同企业的制造、组装、分销、零售等过程将原材料转换成产品到最终用户的转换过程，它是更大范围、更为系统的概念。

一、供应链的概念及特征

（一）供应链的概念

供应链概念经历了一个发展的过程，供应链最初是指产品生产的完成需要经过许多厂家进行原料提供、产品生产和商品销售而形成的一个链状的供需过程，运输与配送是供应链管理的主要内容。进入 20 世纪 80 年代，企业开始广泛重视业务流程，哈佛商学院的迈克尔·波特提出了价值链模型。该模型把企业作为顾客，把创造价值的各种业务活动集成在一起，形成一条价值增值链[②]。2000 年以来，供应链及供应链管理应用了价值增值链的思想，把价值增值的活动从企业内部拓展到企业外部，把单一的物流管理拓展到整个供应链管理，逐渐形成稳定、协调和快速应对市场需求，有效地同竞争对手进行竞争的供应网。

供应链是围绕核心企业，通过对信息流、物流、资金流的控制，从采购原材料开始，制成中间产品与最终产品，最后由销售网络把产品送到消费者手中的将供应商、制造商、分销商、零售商直到最终用户连成一个整体的功能网链结构。它不仅是一条连接供应商到用户的物流链、信息链、资金链，更是一条增值链，物料在供应链上因加工、包装、运输等过程而增加其价值，给相关企业带来

---

① （美）菲利普·科特勒，（美）凯文·莱恩·凯勒. 何佳讯，于洪彦，牛永革，徐岚，等，译. 营销管理第 15 版 黑白版［M］. 上海：格致出版社，上海人民出版社，2016.

② 张秀军. 迈克尔·波特竞争战略精髓［M］. 北京：中国经济出版社，2019.

收益。

（二）供应链的特征

1. 协调性和整合性

供应链本身就是一个整体合作、协调一致的系统，它有多个合作者，像链条一样环环相扣，节点企业在一个共同目标的驱动下，整合企业资源，紧密配合，协调运作。

2. 选择性和动态性

供应链中的各节点企业都是围绕其中的核心企业在众多企业中筛选出的合作伙伴，其加入供应链网络是有选择性的，但供应链网络也需要随目标、市场、服务方式、客户需求等的变化而变化，它随时处在一个动态调整过程中，因此具有动态性。

3. 复杂性和虚拟性

不少供应链是跨国家、跨地区和跨行业的组合。各国的国情、体制、法律、文化、地理环境、习俗都有很大差异，经济发达程度、物流基础设施、物流管理水平和技术能力等也有很大不同。而供应链操作又必须保证其目的的准确性、行动的快速反应性和高质量服务性，因此供应链具有复杂性的特点。供应链的虚拟性主要表现在它是一个协作组织，而并不一定是一个集团企业或托拉斯企业。这种协作组织以协作的方式组合在一起，依靠信息网络的支撑和相互信任关系，为了共同的利益，强强联合、优势互补、协调运转。由于供应链需要永远保持高度竞争力，必须是优势企业之间的连接，所以组织内的吐故纳新、优胜劣汰是必然的，供应链犹如一个虚拟的强势企业群体在不断地优化组合。

4. 交叉性和需求方向性

一方面，供应链中的节点企业可以是这个供应链的成员，同时又是另一个供应链的成员，众多的供应链形成交叉结构；而另一方面，供应链的形成、存在、重构，都是基于一定的市场需求而发生的，在供应链的运作过程中，用户的需求拉动是供应链中信息流、商品流和服务流、资金流运作的驱动源。因此，供应链具有交叉性和需求方向性。

二、供应链的构成要素

节点企业、物流、信息流、资金流是供应链中四个基本组成要素，供应链管理是对它们的集成管理。其中，信息流、物流、资金流是供应链的三大命脉，供应链的行为与效率由供应链结构决定，节点企业之间的相互作用与相互依赖关系决定了供应链的结构。

（一）构成供应链的基本要素

1. 节点企业

供应商（原材料或零部件供应商）：给生产厂家提供原材料或零部件的企业。
厂家（产品制造业）：产品生产最重要的环节，负责产品开发、生产和售后服务。

分销企业（代理商或批发商）：为实现将产品送到经营地范围每一个角落而设的产品流通代理企业。

零售商（大卖场、百货商店、超市、专卖店、便利店和杂货店）：将产品销售给消费者的企业。

2. 物流

物流是指商品在空间和时间上的位移，包括采购配送、生产加工和仓储包装等流通环节中的物流情况。物流管理以满足顾客的需求和服务为目标，尽量减少物流过程中的运营成本，对物流过程中不合理的环节进行持续改进和创新，正如管理大师彼得·德鲁克所说，物流经济是经济增长的"黑暗大陆"，是降低成本的"最后边界"，是继降低资源消耗、提高劳动生产率之后的"第三利润源泉"[①]。

3. 供应链的三种流——物流、资金流和信息流

供应链中的物流是指从供应商到顾客手中的物质产品流。供应链中的资金流包括信用条件、支付条件以及委托与所有权契约等。供应链中的信息流包括产品需求、订单的传递、交货状态及库存信息。供应链中的三种流常常是跨部门、跨企业、跨产权主体甚至是跨行业的。总之，资金流、物流和信息流的形成是商品流通不断发展的必然结果。在供应链中，资金流是条件，信息流是手段，物流是终结和归宿。它们在商品价值形态的转化过程中有机地统一起来，共同完成商品生产—分配—交换—消费—生产的循环。

（二）供应链的结构

供应链是社会经济大系统的子系统，从系统的角度看，供应链的行为和效率由供应链的结构所决定，而供应链实体之间的相互作用和相互依赖关系决定了供应链的结构。

尽管供应链网络在空间和时间等方面变得越来越复杂，但整体来说，采购子系统、生产子系统和分销子系统共同构成供应链系统，它们之间相互交融、相互衔接、相互关联。第三方物流和电子信息技术为实现供应链整个流程的优化起到了至关重要的作用，而且供应链管理强调需求驱动、企业核心竞争能力及供应链合作伙伴关系。

三、供应链管理的基础理论

（一）供应链管理的主要内容

供应链管理就是从终端用户到提供产品、服务信息的初始供应商的业务过程的整合。供应链管理是一种集成的管理思想和方法，它执行供应链中从供应商到最终客户的物流计划和控制等职能。供应链管理是通过前馈的信息流和反馈的物

---

① （美）彼得·德鲁克. 赵巍，译. 彼得·德鲁克全集 知识社会［M］. 北京：机械工业出版社，2021.

料流及信息流，使供应链上各企业分担的采购、生产、分销和销售的职能成为一个协调发展的有机体，并注重企业之间的合作，以提高整个供应链的效率。

物流管理与供应链管理这两个概念之间有重大区别。供应链管理是对供应链中所有重要业务流程的管理。它代表了一种较新的业务运作方法和对所涉及的业务流程的不同观点，典型的流程应该包括客户关系管理、客户服务管理、需求管理、订单履行、制造流管理、采购以及产品开发和商业化等。在一些公司，退货也包括在其中。供应链管理成功实施的关键在于高层管理者的支持、领导力、对变革的认同以及授权。

由此可见，供应链管理是一种高度互动且复杂的系统方法，需要同时进行很多权衡。供应链管理跨越了组织界限，既考虑了组织内部的权衡，又考虑了组织之间的权衡。除了供应链管理所涉及的流程外，供应链中必须发生产品流和信息流，只有当信息流开始后产品流才会发生。

商业环境的动态性要求管理层经常监督和评价供应链的绩效。当绩效目标没有达到时，管理层必须评估可能的供应链备选方案，并且实行变革。供应链管理在成熟的和正在衰退的市场中以及经济低迷、市场成长无法隐藏低效率行为时，显得更为重要。在新产品开发和市场成长期，供应链管理也同样重要。

（二）供应链管理涉及的主要领域

供应链管理主要涉及四个领域：供应、生产计划、物流、需求。供应链管理是以同步化、集成化生产计划为指导，以各种技术为支持，尤其是以 Internet/Intranet 为依托，围绕供应、生产计划、物流和满足需求来实施。供应链管理主要包括计划、合作、控制从供应商到用户的物料和信息，其目标在于提高用户服务水平和降低总的交易成本，寻求两个目标间的平衡。影响供应链管理成功实施的因素有很多，其中起关键作用的因素主要有库存、成本、信息、客户服务和合作关系。

1. 库存

库存流和库存水平的管理是供应链管理的重点，是评价供应链管理成功与否的主要绩效标准。简单地说，存货水平必须既能合理满足客户需求，同时又要降低供应链成本。为了保持商品库存供求的平衡，需要对供应链进行综合管理以避免不必要的重复。当存货在供应链中移动时，为了减少或消除不确定性，存货的可见性是十分必要的，安全存货的可见性包括仓库中存货的可见性、其他储存设施中存货的可见性及运送途中存货的可见性。

2. 成本

效率与低成本是供应链管理的重要目标。在供应链管理环境下，作为供应链一部分的企业需要认识到他们的经营方式与活动会对厂商与顾客产生什么影响。企业往往试图使自己的成本最优化，但是可能会对其供应商或顾客产生负面影响。有时，企业仅仅是没有意识到他们的战略或策略的影响。在当今环境下，全球供应链之间展开了竞争，企业不得不运用信息共享、合资等方案来配合其供应链活动以完成成本目标，这些必须以一定的系统理论和总成本分析为基础；在涉及几个企业时，取得这种目标远比一个企业困难得多。

3. 信息

信息流的管理对供应链的效益与效率都是一个关键因素。要真正实现供应链管理潜能的最大化，信息流必须是一个双向流。如果实现信息共享，就可以实时获取信息，同时如果信息高度完整和准确，就可以大大减少不确定性，反过来又会减少安全库存和明显降低存货。

尽管实时信息共享对成功的供应链管理具有重要意义，但仍然有一些企业不愿意分享信息，这通常是由于企业担心会失去竞争优势。例如，如果将需求信息或生产信息告知预期的竞争者，企业或许会失去销售份额。虽然共享信息会有一些缺点，但其优点却远远超过缺点。

共享信息的另一个障碍是复杂性问题。通常，丰富的数据是运用光学扫描、条形码及计算机技术收集到的，但是把这些大量的数据转变成对决策有用的信息则是一种挑战。由于收集到的数据太多，以至于难以迅速概括、汇总、处理成有用的信息。

4. 客户服务

由于信息技术对企业经营方式在效率和效益上的影响，因此20世纪90年代被称为"信息时代"。又有人提出20世纪90年代是"客户服务的时代"。这两种描述都有正确的方面，但同时也必须承认，信息与服务之间应当有一种协同作用。及时、高质量的信息使客户服务的改善成为可能，同时成本的降低意味着提供给顾客的价格更低。

客户服务是供应链管理成功的一个重要因素。全球供应链的成功就是它们在供应链到货成本或价格、提供的有关服务方面为最终顾客追加的价值。信息技术对改善客户服务具有重要作用，客户服务使全球供应链保持竞争力，赢得更大市场份额。

5. 合作关系

供应链伙伴之间的合作是供应链管理成功的另一个重要因素，即将整个供应链作为一个单独的组织来经营。例如，合作和联盟等概念已经成为物流和供应链管理词汇的一部分，这表明更多建立在对抗基础上的传统企业关系正在发生改变，协作与合作的方式在某种程度上是已讨论过的诸因素的一种共性。但是，供应链关系比信息共享和关注供应链总成本更需要协作，战略与策略规划同样需要供应链伙伴间的协作。供应链的协同规划需要包括一个内部跨职能的团队与外部供应商、物流商、分销商等的共同努力。

除协同规划外，还需要分摊风险与报酬。大多数的组织是在力图使自己的风险最小化而报酬最大化的前提下运作，这可能意味着以牺牲其他公司的利益为代价。供应链管理下的协同与合作或双赢结果是协同战略的目标。

协同与合作更重要的一个方面是，在今天迅猛变化的全球市场环境中，成功的组织需要专注于他们的核心能力，而将其他业务活动外包给供应链伙伴。这种方式能更加灵活、敏捷地对变化的企业环境做出反应。由此可见，供应链管理关心的并不仅是物料实体在供应链中的流动，除了企业内部与企业之间的运输和实物分销以外，供应链管理还包括以下主要内容：

（1）战略性供应商和用户合作伙伴关系管理；

（2）供应链产品需求预测和计划；

（3）供应链的设计（全球节点企业、资源、设备等的评价、选择和定位）；

（4）企业内部与企业之间的物料供应与需求管理；

（5）基于供应链管理的产品设计与制造管理、生产集成化计划、跟踪和控制；

（6）基于供应链的用户服务和物流（运输、库存、包装等）管理；

（7）企业间资金流管理（汇率、成本等问题）；

（8）基于 Internet/Intranet 的供应链交互信息管理等。

（三）供应链管理的原则和目标

1. 供应链管理的原则

供应链管理中应该遵循的原则主要有以下 10 点。

（1）连接原则。连接原则涉及公司、供应商、第三方服务提供商之间的战略、策略和操作链接。连接原则特别重视供应链合作伙伴间 Internet 和其他形式通信的重要作用，该原则实际上是其他原则的基础。连接原则在实施中具有战略性，因为它在处理供应链关系的规划连接、可见性、架构等方面是策略性的，处理供应链合作伙伴之间的策略性决策制订过程。

（2）协同原则。与连接原则一样，协同原则可以关注战略、策略或者运作决策制订，强调供应链中贸易伙伴之间的密切合作，共享利益，共担风险。该原则使供应链伙伴通过整合组织间的规划和决策制订，建立他们之间更近的连接。真正的协同是在扩展供应链的进程中投资，需要所有的参与者更好地理解每个供应链合作伙伴的角色、业务过程和期望。协同不仅在好的时期出现，而且更可能在差的时期出现。作为学习过程中的进行中投资项目，协同持续地对供应链关系提供支持。该投资并不遍及所有的客户和供应商，而是主要为关键合作伙伴服务。

（3）同步原则。同步原则可以类比为交响乐队，具有不同的部分弦乐、打击乐等协调地演奏以后的预期效果。在供应链中，需要公司的外部和内部进行类似的协调努力，供应商、制造商、销售和营销、财务、客户都在供应链的"交响乐团"中扮演重要的角色。在内部和外部的供应链合作伙伴间，界面必须是无缝的、无摩擦的和透明的。通过连接原则和协同原则，同步原则在战略、策略和运作层次发生。同步原则提供了将供应链作为水平流动模型而不是传统的"命令—控制"结构进行思考的方法。这一模型将允许公司和供应链伙伴减轻系统中的瓶颈，消除缓冲库存，在供应链中更有效地应用非存货资产。这一原则需要尽早抓住原始需求数据，尽可能获得需求时间，同时在供应链网络中分配这些信息。为了确保同步模型，第一层、第二层和第三层都可能需要需求数据，此数据也可能对第三方物流提供商有用，因为他们可以有效配置运输能力，准确地估算仓储需求。

（4）杠杆原则。杠杆原则需要关注核心客户、核心供应商和核心第三方物流，这并不意味着不需要仔细关注其他有资格的供应商或者客户。杠杆原则实际上建议，增加的资源应该投入到批量更大和更关键的供应商身上。在过去10年内，很多公司已经通过合理化其供应商基础，获得了明显的成本缩减。通过将特定物件的供应商数口从7个减少到2个，可以更容易地同步供应商界面，从而进一步带来成功的递送战略、协同规划和更有效的总体运作。类似地，对核心客户和第三方物流的关注可以提供同步的战略、策略和运作机会。第四个原则表明，公司应该聚集并且将其资产集中于高杠杆性和高回报的机会，即投资于核心供应商、客户和第三方物流。

（5）可测原则。可测在此处指公司开发供应链业务过程集合的能力，这种业务过程可以被添加的供应商、客户和第三方物流提供商复制，该原则需要在定制性和可测性之间平衡。成功实施该原则的公司可以建立核心供应链过程，这些过程在添加供应链合作伙伴时可以以最小的变动被复制。这些过程也可以移植到更大的客户或者供应商基础上，而只需要很少的改动。没有供应链管理者希望为20个不同的账户运行20个不同的分销系统。但是有些核心客户可能需要定制软件、代码或者安全标签。曾经有一家公司在高技术仓库方面投资了1000万美元，可以处理客户的修改，同时不会降低操作流的基本速度。注意，除非供应链解决方案是可测的，否则定制需求将会摧毁杠杆能力和同步能力，因而降低整个供应链的效率。

（6）战略高度原则。供应链管理必须站在一个战略的高度来对供应链中的核心能力和资源进行集成。

（7）客户服务原则。供应链管理必须以客户为中心，使整个供应链成为一个具有高度竞争力的、能为消费者提供最大价值的源泉。

（8）信息技术支撑原则。应用现代信息技术和通信技术，如条码技术、销售时点信息（Point of Sale，简称POS）系统、电子数据交换等。

（9）标准化原则。遵从共同的标准和规范，将它们应用于原材料、产品、服务、运输单元和位置的标识至关重要。

（10）多重风险共担原则。供应链管理的出发点是为了让供应链节点上的每一个企业都能获得收益，这样的供应链才是连接紧密和可靠的。同时，如果存在什么市场风险的话，供应链上的各企业也必须是风险共担的。

2. 供应链管理的目标

供应链管理是加强企业的竞争力、提高客户服务水平、提高企业效益，实现企业目标的一个重要战略。供应链管理的目标有多个方面：协调客户需求与供应商的物料流动、压缩供应链上的存货及成本、巩固提高客户服务水平、系统优化供应链，以建立供应链的竞争优势。

（1）总成本最低化。众所周知，采购成本、运输成本、库存成本、制造成本以及供应链物流的其他成本费用都是相互联系的，因此，为了实现有效的供应链管理，必须将供应链各成员企业作为一个有机整体来考虑，并使实体供应物流、制造装配物流与实体分销物流之间达到高度均衡。从这一意义出发，总成本最低化目标并不是指运输费用或库存成本或其他任何供应链物流运作与管理的成本最小，而是整个供应链运作与管理的所有成本的总和最低化。

（2）总库存成本最小化。传统的管理思想认为，库存是维系生产与销售的必要措施，因而企业与其上下游企业之间在不同的市场环境下只是实现了库存的转移，整个社会库存总量并未减少。按照库存管理思想，库存是不确定性的产物，任何库存都是浪费。因此，在实现供应链管理目标的同时，要使整个供应链的库存控制在最低的程度。"零库存"反映的即是这一目标的理想状态。所以，总库存最小化目标的达成，有赖于实现对整个供应链的库存水平与库存变化的最优控制，而不只是单个成员企业库存水平的最低。

（3）总周期时间最短化。在当今的市场竞争中，时间已成为竞争成功最重要的要素之一。当今的市场竞争不再是单个企业之间的竞争，而是供应链与供应链之间的竞争。从某种意义上说，供应链之间的竞争实质上是时间竞争，即必须实现快速有效客户反应，最大限度地缩短从客户发出订单到获取满意交货的整个供应链的总周期。

（4）物流质量最优化。企业产品或服务质量的好坏直接关系到企业的成败，同样，供应链企业间服务质量的好坏直接关系到供应链的存亡。如果在所有业务过程完成以后，发现提供给最终客户的产品或服务存在质量缺陷，就意味着所有成本的付出将不会得到任何价值补偿，供应链物流的所有业务活动都会变为非增值活动，从而导致整个供应链的价值无法实现。因此，达到与保持服务质量最优化的水平，也是供应链管理的重要目标，而这一目标的实现，必须从原材料、零部件供应的零缺陷开始，直至供应链管理全过程、全方位质量的最优化。

就传统的管理思想而言，上述目标相互之间呈现出互斥性：客户服务水平的提高、总时间周期的缩短、交货品质的改善，必然以库存、成本的增加为前提，因而无法同时达到最优；而运用集成化管理思想，从系统的观点出发，改进服务、缩短时间、提高品质与减少库存、降低成本是可以兼得的。因为只要供应链的基本工作流程得到改进，就能够提高工作效率，消除重复与浪费，缩减员工数量，减少客户抱怨，提高客户忠诚度，降低库存总水平，减少总成本支出。

（四）供应链管理模式

1."纵向一体化"管理模式

管理模式是一种系统化的指导与控制方法。先进的管理模式以高质量、低成本、快速及时的效率将企业中的人、财、物和信息等各种资源转换为市场所需要的产品和服务，质量、成本和时间成为企业活动中的 3 个核心因素。因此，可以说，质量是企业的立足之本，成本是生存之道，而时间则是企业的发展之源。

从管理模式上看，企业出于对制造资源的占有要求和对生产过程直接控制的需要，传统上常采用的策略是或扩大自身规模，或参股到其他工商企业，与为其提供原材料、半成品或零部件的企业是一种所有关系，这就是所谓的"纵向一体化"管理模式。"纵向一体化"管理模式在企业处于相对稳定的市场环境中是有效的，但是在企业竞争日益激烈、顾客需求不断变化的形势下，这种管理模式则暴露出如下种种缺陷。

首先，增加企业投资负担。不管是投资建新的工厂，还是用于其他公司的控股，都需要企业自己筹集必要的资金，这样，企业必须花费人力、物力设法在金融市场上筹集所需要的资金，随即进入项目建设周期。由于项目有一个建设周期，在此期间内企业不仅不能安排生产，而且还要按期偿还借款利息，给企业增加不少投资负担。

其次，承担丧失市场机会的风险。从投资方向看，决策者当时的决策可能是正确的，但因为项目建设需要一定的周期，等生产系统建设投产时，市场行情可能早已发生了变化，可能错过了进入市场的最佳时机而使企业遭受损失。因此，项目建设周期越长，企业承担的风险越高。

再次，迫使企业从事不擅长的业务活动。采用"纵向一体化"管理模式的企业中，产品设计、计划、财务、生产、人事、设备维修等工作是企业必不可少的业务工作，许多管理人员往往花费过多的时间、精力和资源去从事辅助性的管理工作，可能导致辅助性的管理工作抓得不好，同时也不能发挥关键性业务核心作用的结果，使企业失去竞争特色。

最后，在每个业务领域都直接面临众多竞争对手。假如某些制造商不仅生产产品，而且还拥有自己的运输公司。这种企业不仅要与制造业的对手竞争，而且还要与运输业的对手竞争。在企业各种资源都十分有限的情况下，四面出击很可能带来严重的损失。

2. 供应链管理模式的产生与发展

由于"纵向一体化"管理模式存在种种弊端，国际上越来越多的企业放弃了这种经营模式，转而采取"横向一体化"模式，即利用企业外部资源快速响应市场需求，而本企业只抓最核心的东西，即产品方向和市场，至于生产，只抓关键零部件的制造，有时甚至全部委托其他企业加工。这样做的好处在于利用其他企业的资源促使产品快速上马，避免自己投资带来的基建周期长等问题，赢得产品在低成本、高质量、早上市诸方面的竞争优势。

"横向一体化"形成一条从供应商到制造商再到分销商的贯穿所有企业的"链"，由于相邻节点企业表现出一种需求与供应的关系，当把所有相邻企业依此连接起来，便形成供应链。这条链上的节点企业必须达到同步、协调运行，才有可能使链上的所有企业都能受益，于是便产生了供应链管理（Supply Chain Management，SCM）这一新的经营与运作模式。

供应链管理的概念是把企业资源的范畴从过去单个企业扩大到整个社会，使企业之间为共同的市场利益而结成战略联盟。供应商以满足客户、为客户服务为目标，客户以供应商为依托，在供应商和客户之间建立了一种长期联系的依存关系。因此，供应链管理模式吸引了越来越多的企业，企业家已经将供应链管理作为企业的战略性问题来考虑，而不是仅将其看作一种操作方法。

供应链管理的出现促进了企业资源计划（ERP）的发展。20 世纪 90 年代初，美国 Gartner 咨询公司在总结制造资源计划（MRPII）软件发展趋势时，提出了 ERP 的概念，从此，制造业的管理信息系统进入 "ERP 新时代"。ERP 着眼于供应链管理，在 MRPII 基础上增加运输管理、项目管理、市场信息分析、电子商务、电子数据交换等功能。ERP 强调对供应链的整体管理，将供应商、制造商、协作商、客户甚至竞争对手都纳入管理的资源之中，使业务流程更加紧密地集成在一起，提高对客户的响应速度。

供应链管理和 ERP 的发展，使企业间的信息和资源集成成为可能，使得 CIMS 的概念和含义也发生了变化。原来的 CIMS 是指计算机集成制造系统，集成的范围一般是指一个企业内部各部门、各功能、各种信息的集成，而最新的 CIMS 是指现代集成制造系统（Contemporary Integrated Manufacturing System），把资源的概念从单个企业扩展到企业外部。

供应链管理所强调的快速反应市场需求、高柔性、低风险、成本效益目标、战略管理等优势，吸引了许多学者和企业界人士的研究和实践，如惠普公司、IBM 公司、戴尔公司等在供应链管理实践中取得了巨大成就，使人们更加坚信供应链管理是进入 21 世纪后企业适应全球竞争的一种有效途径。

第二节　农产品供应链的概念解析

中国对供应链管理问题的研究起步较晚，而对农产品供应链管理问题的研究起步更晚。中国从 1999 年开始有了农产品供应链的研究。与发达国家相比，中国农产品供应链所要求的硬件设施及其管理理念还存在非常大的差距，农产品供应链在理论研究和实践运用中都处于起步阶段。

在经济全球化的背景下，中国农产品贸易总量逐年增加，如何在全球范围内构建和发展农产品供应链，将成为我国农产品供应链研究值得深入探讨的问题。全球农产品供应链的形成，将使得物流、信息流和资金流变得更加畅通，它不仅将增大整个农产品供应链的总体效益，还能使单个农产品企业借助庞大供应链的整合优势，在竞争中更主动、更有发言权，同时将国内具有生产成本优势的农产品打造成具有国际竞争力的产品，这对中国农业的发展、提高农民的收入无疑具有重要的现实意义。

一、农产品供应链概念

农产品是农业生产过程产出的生物产品，是人类利用生物的生命力转化环境资源所生成的人类生存所需的原料产品、生活资料产品和生物景观产品的总称，是指种植业、养殖业、林业、牧业、水产业生产的各种植物、动物的初级产品及初级加工品。具体包括种植、饲养、采集、编织、加工以及捕捞、狩猎等产品。这部分产品种类复杂、品种繁多，主要有粮食、油料、木材、肉、蛋、奶、棉、麻、烟、茧、茶、糖、蔬菜、花卉、果品、干菜、干果、食用菌、中药材等。

农产品供应链是以农产品为研究对象，以农产品消费为核心，通过对农产品的实体流动、信息流、资金流的控制，协调农业生产资料供应商、农产品生产者、农产品经销者、消费者之间的利益，从农业生产资料开始，完成农产品种植、农产品收购、农产品加工、农产品运输及分销等一系列过程，包括农产品生产、收购、运输、存储、装卸搬运、包装、配送、流通加工、分销、信息技术活动等一系列环节，并且在这一过程中实现农产品价值增值，其目的是使农产品供应链各节点相互协调，整个供应链利益最大化。

农产品供应链还可以被描述为农产品沿着农户、加工企业、配送中心、批发商、零售商以及消费者运动的一个网状链条。一般而言，农产品供应链由不同的环节和组织载体构成：产前种子、饲料等生产资料的供应环节（种子、饲料供应商）——产中种养业生产环节（农户或生产企业）——产后分级、包装、加工、运输、储藏、销售环节——消费者。在国外农产品供应链被形象比喻为"种子——食品"，在我国通常称之为"田头——餐桌"

根据国外农产品供应链成功运作和农业发展的实践经验，国内外研究者和农业管理者均得到以下结论：农产品供应链可以改变传统农产品生产、流通过程中所涉及的生产者、中间商和消费者各主体之间连接不紧密的关系，提高农产品生产、加工、流通等方面的工业化程度，是农产品经营者获取市场竞争优势的主要手段。农产品供应链可以解决农业及其关联产业所涉及的效率与竞争力问题、公共健康与生物安全问题、生态环境与可持续发展问题，并使我国的"三农问题"得到逐步缓解。

二、农产品供应链的特点

农业生产与工业及服务业有很大不同，其在生产过程中对自然力、自然条件及作物个体生命的依赖性比较明显，农产品本身具有鲜活性；农产品生产的区域性、季节性、分散性等特点十分突出。由于农产品的诸多特性，导致了农产品供应链特别是物流不同于制造业供应链和物流。农产品供应链具有以下特点。

（一）协调性、整合性

农产品供应链本身就是一个整体合作、协调一致的系统，它有多个合作者，像链条一样环环连接，为了一个共同的目的或目标，协调动作，紧密配合。

（二）信息共享性

大多数农产品由分散的农户进行生产，市场力量较为薄弱，市场力量不均衡。农产品物流供应链管理中，各节点之间是一种战略合作关系，信息共享不仅使得链上企业可以更好地安排生产作业及库存配送计划，降低供应链的整体成本，更能促进合作企业间的相互信任，加快供应链整体对市场变化的响应。

（三）现代化技术手段的支撑性

在信息化高度发展的电子商务时代，物流和信息流的相互配合显得越来越重要，现代信息技术更多地应用于供应链管理中，使供应链各个节点相互协调。农产品产量受区域、季节和气候条件影响很大，旱涝均会导致产量大减，市场不确定性大；农产品鲜活易腐，因而在流通中必须采取一定的安全措施才能保证消费质量，如对农产品的分类、加工、整理以及奶制品的专用储运设备等，因此更需要有现代技术手段做支撑，以提高农产品物流运作的效率。

三、农产品供应链的模式

农产品供应链是以农产品为对象和经营核心，通过对物流、信息流和资金流的控制，协调农业生产资料供应商、生产商（农户）、农产品经营者（批发商、零售商）以及消费者之间的利益诉求，从采购农产品生产资料开始，完成农产品的生产采摘、收购运输、市场分销的一系列过程。农产品供应链既是一条连接供应商、生产者、经销商到消费者的产品链，也是一条通过（初级）加工、包装、运输等环节的增值链。农产品供应链管理的最终目标是使供应链物流和信息流与顾客需求协调一致，从而最大化顾客满意度与最小化生产成本。

随着我国农业现代化的发展，农产品的交易模式也在不断发生变化。起初是在改革开放前计划经济体制下的由政府进行主导的模式。农村市场逐渐开放后，开始形成中间人交易的模式，这种模式下的大部分交易是非契约的，要依赖交易人相互间的信任。后来为了适应经济的发展，出现了批发市场交易的模式，这种交易模式基于现货来进行买卖，买卖双方相对比较分散，整体供应链集中度很低，交易环节繁杂，成本偏高。

我国传统农产品供应链主要由农产品农资供应商、生产者（农户、生产基地）、产地批发市场（农贸市场、农产品加工商）、批发商、销地批发市场、销售商以及消费者组成。批发商通过上游交易市场（产地批发市场）向生产商采购农产品，再通过下游交易场所（销地批发市场）向销售商供应农产品。在上述模式中，流通环节过多导致流通成本增大，损耗增多且无法实施产品质量的追溯管理；农产品信息流的单向传递造成信息滞后和失真等。可见，传统的农产品流通模式中的物流、信息流都存在大量的阻碍，严重制约了我国农产品贸易的发展。生产实践中，我国农产品供应链主要分为以下几种模式。

（一）由龙头企业主导的农产品供应链

这种模式的主导者是龙头企业（一般指农产品加工企业和连锁超市）作为农产品供应链上的一环，它连接了初级农产品的生产者和与最终消费者相连的农产品批发及零售企业。由于农产品自身的特点，并不需要深加工。此外，随着科技的飞速发展和生产力的提高，世界流通产业发生了巨大的变革，生产商在产业链中的主导权逐渐丧失，销售商的优势逐渐显现。这使得以销售商为核心的供应链模式显得越来越重要，所以这里由龙头企业主导的农产品供应链主要指的是以连锁超市为主导者的供应链。

在以销售终端连锁超市为主导者的农产品供应链中，连锁超市负责协调管理整个供应链上的农产品流通。农产品从零散的农户或者合同生产基地手中生产出来，经由批发市场或者加工商和批发商，到达终端销售超市。连锁超市将需求信息下达给上游批发商或者农产品加工商，再分别由批发商和农产品加工商向上游生产商下达订单、农户或者生产基地再按订单供货。

在该供应链模式中处于核心地位的连锁超市以原始初级农产品为主要经营的农产品种类，连锁超市与上游供应商之间的交易行为有相对严格的合作契约约束。这种模式的农产品供应链体系可以有效地控制农产品来源，通过进货合同使供货商能够从农产品品质和食品安全方面把关。同时，通过大型销售商的物流配送也可以保证农产品的品质、初级加工和管理更加标准化，从而提高农产品品质的控制水平、增加农产品的附加值。该模式的缺点为：

（1）如果龙头企业的规模有限，加工和销售的能力有限，吸收农户的能力也会有限。一旦农产品销售不出去，给公司特别是农户带来的损失将是巨大的。

（2）由于农户的自觉性不够，经常造成农户为个人利益出现违约现象，同时农户除了关心农产品的销售价格之外，对其他关于农产品的加工、销售以及增值情况不予关注，造成供求信息的闭塞和匮乏。

（3）龙头企业主导的农产品供应链模式容易造成利益分配不均衡，龙头企业往往凭借其主导地位剥夺其他供应链企业或者农户利益，造成损害供应链的状况发生。

（二）由批发市场主导的农产品供应链模式

由农产品批发市场主导的农产品供应链是典型的推式供应链，并且在我国的农产品流通形式中占主导地位。该类型的农产品供应链网络，生产与销售主要通过批发市场连接，批发市场成为该供应链的核心环节。

而当农产品供应链主导者是批发市场，参与者主要包括农产品生产者（农户、生产基地）、批发商和销售商（超市、零售商、个体商贩）。批发市场有两个层次：一是分布在农村乡镇作为农产品集散地的产地批发市场，其主要功能是为农产品生产者（农户）和中介组织（如农业合作社）提供一个交易平台；二是分布在城市作为农产品批发零售地的销地批发市场，其主要功能是为农产品批发商和零售商提供一个交易平台。生产者（农户）将生产出的农产品运到当地的批发市场进行销售，批发商在产地完成对农产品的收购后再运送到销地批发市场进行分销，零售商从批发市场上进行产品批发，然后在零售市场或其他零售终端进行销售。

在该模式下，由农产品批发市场制定统一的市场准入制度，对农产品生产商、批发商及销售商进行规范，同时提供标准的产品分类、检测鉴定服务，引入农产品买卖和远期交易模式，提供统一的农产品存储和配送服务。在相邻近的一个或几个城市范围内，批发市场能够整合农产品信息流、商流和物流运作，减少农产品交易成本，提高供应链末端效率，但农产品批发市场自身并不参与农产品交易，因此它对农产品供应链成员的控制能力不强，难以对上游的农产品生产、运输、存储进行协调和统一管理，供应链纵向合作程度较低。

该模式管理的特点是主要通过批发商集散农产品，批发商主导供应链，批发商为供应链的核心企业。批发商上与生产加工领域相连，下与销售商相接，把它们均纳入供应链来进行管理；批发商通过接受销售商订单，转向生产加工单位订货，使其决定生产数量，发展订单农业，批发商与市场有广泛而密切的联系，可以集成和整合市场对农产品需求和价值的信息，并利用信息技术向上下传递，实现供应链成员信息共享，以指导正确决策，提高供应链对市场的反应能力。该模式的缺点是交易环节多，农产品流通环节较长，物流成本较高，对农民利益没有保障，供应链管理难度大。

从以批发市场为核心的农产品供应链的构成可以看出，纯粹的市场交易关系是目前我国农产品物流的基本制度，也是目前我国农产品的基本流通方式，但是以批发市场为核心的农产品供应链具有市场覆盖范围小，专用性资产投资少；组织程度低，运作效率差，流通成本高；交易环境差，容易形成二次污染；信息化程度低，产品供需信息传递性差；以个体交易为主，抗风险能力差等缺点，所以这种模式的农产品供应链并不符合农业现代化和信息化的长远发展要求。

（三）由第三方物流企业主导的农产品供应链模式

以第三方物流企业主导的供应链是通过农产品供应商和销售商将部分或全部农产品物流运输和配送活动外包给专业的第三方农产品物流企业来实现运作管理的。第三方物流企业是连接农产品供应与销售的一座桥梁，它将生产商与销售商或终端消费者紧密地衔接起来。在整个农产品供应链中，构成成员包括生产者（农户，生产基地）、加工企业、批发市场、第三方物流企业、销售商（超市、零售商）和消费者，通过把整条供应链上农产品的物流配送服务交由一个专业第三方物流企业来负责，供应链上的物流配送路径被大大优化，更加简洁和高效。

由第三方物流企业主导的农产品供应链利用第三方物流公司的优势，整合社会上闲散的物流资源，减少了农产品不必要的流通环节，降低了农产品流通成本，其物流效率较高、成本较低，这种模式可以为农产品供应链带来专业化的物流服务，节约物流运输成本，促进农产品供应链上的物流信息畅通。但是由于第三方物流企业配送中心的采购模式存在一定的局限，如由于食品检测安全设备及人员的限制，不能完全保证食品安全，而且农产品不能实现追溯管理。另外，以第三方物流企业为农产品供应链核心的供应链模式，需要长期稳定的契约机制相协调，一旦供应商或者销售商出现经营不善，会给农产品供应链造成连带经营风险。

（四）农超对接模式[①]

农超对接是由商家或企业与农业合作社直接签订意向协议书，由农业合作社组织农户向便利店、菜场及超市等直接提供农产品的一种新型流通模式，该模式为优质农产品快速进入超市搭建了便捷通道。"农超对接"实际上是一种契约交易，由超市与农产品生产者或农业合作社签订书面协议，约定交易产品的质量、规格、价格、订货量等条款，在生产的过程中由超市为农户提供技术指导，并对生产过程进行监督。

自20世纪90年代以来，特别是我国加入WTO以后，随着家乐福、沃尔玛等国际零售业巨头纷纷抢占我国零售业市场，我国的超市、大卖场等终端零售业

---

① 黄彬红. 农超对接模式和实践探索［M］. 杭州：浙江大学出版社，2013.

得到了迅速发展。这一新的经营方式，既有批发，又有零售，且加工配送中心和农副产品生产基地直接对接，逐渐成为零售行业的主流，使得农超对接有了进一步发展的基础。

农超对接模式是随着国际零售巨头家乐福、沃尔玛等进入我国零售市场而带来新的经营方式而提出的，如今已经成为我国大型连锁超市生鲜采购环节的重要组成部分。农超对接的经营模式不仅提升了农产品食品安全的保障力度，保障了食品质量安全，还减少了流通环节，给消费者带来了更多的实惠。在第一批农超对接试点超市中，沃尔玛、麦德龙、家乐福以及华润万家发展最早、模式成熟，在新型农产品供应链模式中具有极高的代表性。

1. 农超对接的操作模式之一——沃尔玛模式①

沃尔玛农超对接的特点是建立农超对接基地，也采用两种模式，即"超市＋龙头企业＋农超对接基地"和"超市＋合作社＋农超对接基地"模式。沃尔玛较多以农业产业化龙头企业为中介同农民合作，发挥龙头企业自身的农场管理经验技术，为合作对象提供专业的农产品种植、养殖技术或资金，建立食品安全监督体系和农超对接基地自身的视频安全体系。

2. 农超对接的操作模式之二——麦德龙模式②

麦德龙主要通过麦哲达农业信息咨询公司实现农超对接，从"教农民怎么种田、怎么包装蔬菜"这些最基本的问题入手，探索农副产品生产基地新模式，保证农产品从基地、农场、加工、物流到销售符合消费者最安全的要求，建立农产品质量可追溯体系。麦德龙农产品基地创立了全新的供应链，由麦德龙提出科学的标准化生产流程，引入农技咨询公司指导企业和农民进行养殖、种植，委托第三方机构对农产品质量进行检测，通过麦德龙平台销售。为此，麦德龙还在中国投资成立了首家专门从事农技指导、咨询和培训的麦哲达农业信息咨询公司，向合作企业和农民提供生产、加工、包装、物流及市场运作全方位的专业培训与咨询，实现"农场到餐桌"的全过程产品质量控制及可追溯。

3. 农超对接的操作模式之三——家乐福模式

家乐福农超对接的核心是通过农民专业合作社来组织农民的产品，即"超市＋农民专业合作社＋农民"模式。农超对接依据采购半径的不同，设计了两个采购系统，即全国农超对接采购部门和地区农超对接采购部门。前者主要采购水果和适合于长距离运输的蔬菜，如苹果、梨、橙子、干果、马铃薯和反季节蔬菜等；后者则重点采购城市周边的蔬菜和当地名优水果。据了解，家乐福近年来大

---

① 严继超. 农超对接 你问我答 [M]. 北京：中国科学技术出版社，2018.

② 丁健. 麦德龙建立华中区域物流配送中心研究 [M]. 徐州：中国矿业大学出版社，2006.

力推广农超对接项目，已与全国 27 个省市，超过 300 家的农业合作社建立了合作关系。截至 2013 年年底，上海和北京的家乐福卖场的农民直采产品占生鲜采购的比例已经先后突破 50%。此外，为了帮助农业合作社开拓销售渠道，家乐福集团目前已开始布局落子，计划将中国农民直供产品纳入跨国采购业务，把更多的中国农产品推向国际市场。

4. 农超对接的操作模式之四——华润万家模式

华润万家的农超对接模式为"超市＋基地"的供应链模式，直接与农产品产地的农村合作社对接。据悉，目前华润万家分别与天津市东丽区华明镇、宝坻区、蓟州区、河北省、山东省建立了农超对接大型生产基地，产品涉及蔬菜、水果、禽蛋、肉类等各种城市居民的生活必需农产品。华润万家表示，直采比例未来两年将达 70% 以上，在农超对接农产品供应链中，对超市而言，因为去掉了蔬菜批发商这个环节，进价也会降低，再加上有的超市以微利或者零利润销售，消费者就可以得到实惠，在超市买到的自营式农超对接果蔬不仅无公害，还比市场价低很多。但是农业合作社初期与超市合作的时候也会遇到很多问题，有很多标准达不到连锁超市的要求，如超市需要的品种多、供应有持续性、一年不间断等问题。同时，农超对接供应链模式因为农产品生产者的小农经营方式以及对市场行为的把握不准确，农产品的供求容易失衡，再加上农产品的易腐易失性以及食品安全性的要求，都使得供应链的交易成本和执行成本升高。另外，我国现今农超对接模式尚不成熟，市场准入门槛低，营销方式粗放，而且产品不稳定，难以形成标准化。

四、农产品供应链的构成与现状

（一）农产品供应链的构成环节和组织载体

按照农产品实物形成过程，农产品供应链由以下环节和组织载体构成：产前供应环节，以种苗饲料供应商、信息资金服务机构为组织载体；产中生产环节，以农户或生产性组织为载体；产后加工环节，以农户、生产企业为载体；销售流通环节，以多层次流通渠道以及配套的服务性组织为载体；消费环节，以最终顾客、消费服务部门、物流配送服务商、逆向物流处理组织为载体。

（二）农产品供应链环节的价值分析

在农产品供应链价值构成中，产前环节是生产的准备阶段；产中环节是形成农产品基本价值的中心环节；产后加工、流通环节则为农产品提供增值服务并创造附加价值。其中仓储服务创造时间价值，运输服务创造空间价值，使得农产品跨时生产、异地消费成为可能；消费环节则是农产品价值的最终实现过程。

总体上说，农产品进入流通过程后，中间环节费用往往比生产环节的费用还高。据调查数据显示，在美国超市里 1 美元的农产品，农户的成本仅占其 20%。这主要是农产品易腐烂、难储存的特质，导致其存储费用高。相比于产前环节和产中环节，产后加工、流通环节、消费环节（统称为流转环节），由于涉及生产加工、销售、消费等不同主体，包含了商流、资金流和物流的转移，在市场参与度、运作复杂度以及价值链形成中都占有重要位置。一直以来，我国对农业生产环节的投入比较重视，但对产成品的包装、再加工、保鲜技术、冷链储运等后续流转环节的投入明显不足。对比中美两国的农业投资结构，中国薄弱的农业流转环节现状和过去数量型农业生产投资结构密切相关，在基础投入方面的长期欠账使得高额流转损耗一时难以根本扭转。因此，如何提高产成品增值服务、降低流转环节损失，对于我国农产品的发展具有重要意义。

（三）我国农产品供应链的现状与存在的主要问题

1. 我国农产品供应链现状

第一，农产品数量大、品种多、生产分散、规模不经济。农业的生产离不开土地资源和水资源，这就决定了农业生产不能像工业生产一样集中在一个较小的空间范围里，因此农业的生产往往较分散，而分散的种植又使得其规模相对较小、难以集中，信息相当分散。在社会消费品零售总额中，县及县以下占 32%，消费额超过 2 万亿元。同时，农产品作为一种非加工产品，外形尺寸和内在的品质很难统一，更难进行人工控制，使得种植业实现标准化非常困难。供应链中的核心企业比较弱小。核心企业实力的强弱是农产品供应链能否良好组织的关键，但我国现有的农业核心企业数量不多，规模也不大，还没有足够的能力和实力重新构建供应链。我国拥有耕地面积约为 18 亿亩（1 亩＝666.67 平方米），以每个企业辐射 10 万亩地计算，大型的龙头企业也需数以万计。庞大的需求与供给形成一个品类繁杂、数目巨大、市场主体分散且复杂、网络覆盖全国的农产品消费与物流市场。农产品供应链中的市场主体主要是分散经营的农户、各种小业主或个体经营户，各种类型的经销商以及大小不一的批发市场和各种类型终端市场（包括传统的农贸市场和生鲜超市及餐饮市场），各类市场主体之间的信息沟通手段比较落后且经常信息不完全，信息的共享程度低、沟通的成本高。并且传统的农贸市场还占有统治地位，生鲜超市发展相对弱小，这也限制了规模经济的利用。

第二，供需时间与空间要求高。表现为农产品季节性生产，全年消费；地域性生产，全国消费。这种时间与空间上的不均衡，使得农产品在仓储和运输服务上较工业品有更高的需求。通过仓储服务可以有效解决农产品的时间不均衡，使得当年生产的作物可以供第二年消费；通过运输服务可以解决农产品的空间不均衡，使得南方的作物可以供应给北方消费。

第三，供需两头发散，产品流转集中度不高。主要表现为农户自主计划、个体生产，生产能力、再加工能力与销售能力都不能形成规模和产业优势，生产信息和消费信息难以在生产者和供应商间有效反馈，信息的不透明和分离性使得生产和消费双方都增加了交易成本。

第四，供应链的基础设施差，物流操作难度较大。与农产品供应链相关的基础设施如农村道路、通信条件、网络设施、包装、运输、流通加工、存储等条件比较差，特别是农村电子商务的运用条件比较差，网络基础设施薄弱，大部分农村地区都不具备上网条件，使得农产品相应信息的采集变得困难。目前，我国涉农网站虽有 6000 余个，但基本集中在东南沿海发达地区和大中型城市。因采集不到足够的农业信息，使得这些网站很难发挥应有的效果。

与工业品不同，农产品是动物性产品或植物性产品，在物流过程中难以实现包装标准化、单元化、储运常温化，有相当一部分农产品在流转过程中需要特殊处理，如一些水产品、蔬菜、水果从捕捞、采摘、加工，配送到消费者手中，都要经过预冷、冷库、冷藏车运输、批发站冷库、自选商场冷柜、消费者冰箱等环节，对温度、湿度、亮度等方面有较为特殊的需求。提高供应链管理水平，需要各个供应链成员应用先进的信息技术进行信息沟通和共享，并在供应链中尽到责任，这些都要求各成员要具备良好的文化和信息技术方面的知识。而大量的中小市场主体特别是农户，文化水平比较低，信息技术掌握不够，这大大限制了供应链上各个伙伴之间的良好合作。

供应链中的信息集成程度低。由于农产品供应链的主体主要是各类中小市场主体，利用先进信息技术的知识和技能较差。同时，信息技术的投资比较大，风险也较大，更主要的是很多中小市场主体还没有意识到信息技术的重要性，所以限制了信息技术在农产品供应链中的应用，从而导致相互之间的信息集成和共享程度都较低、供应链上各主体的合作关系较差。尽管农产品供应链上各类主体相互之间的合作目前来说比较良好，但离供应链管理所要求的合作深度和广度还有一定差距，主要体现在相互之间缺少一种长期稳定的合作关系，合作的时候对价格比较敏感，未能很好地进行共同的供需预测计划以及共同的新产品开发计划。

2. 我国农产品供应链环节存在的主要问题

第一，是农产品产销信息不对称，流通渠道不畅。目前，我国农产品产销仍为"直销"式的个体方式，尤其在一些偏远农村地带，生产与销售基本属于自主型和无组织的个体行为，信息来自过去的经验和有限的市场反馈。一方面农户信息获取成本高、信息获取渠道窄、信息反馈时效性低、信息内容不准确，使得需求信息难以满足市场；另一方面众多的流通销售企业对产地、产品信息难以及时掌握，无法适时调配资源，使得供应信息难以及时满足市场。信息的不对称导致生产计划与市场需求不协调，生产供应与市场消费不同步，产销中间环节过多，损耗严重。

第二，是农产品供应链脆弱，抵抗市场风险能力不强。由于农产品供给弹性较大，需求弹性却极小，市场供需规律对价格影响较小。同时，从市场角度看，农产品体积大、难储存，存储费用高，其生产又具有很强的周期性，因此一旦出现供应波动，就很难在短时间内恢复较为均衡合理的价格。与其他行业相比，农产品供应链更脆弱，经营农业的市场风险较大。

第三，是农产品物流能力不足，物流成本居高不下。由于农村基础设施较差，物流服务网络难以覆盖广大农村，使得农产品物流难以形成规模，社会资源利用率低，成本居高不下。在目前占据主导地位的公路运输中，冷藏运输效率低，运输过程损耗严重，整个物流费用占到食品成本的70％。而按照国际标准，食品物流成本最高不能超过食品总成本的50％。

第四，是低温控制能力不足，流转环节损耗严重。据统计，在我国目前的公路运输中，易腐保鲜食品的冷藏运输只占运输总量的20％，其余80％左右的水果、蔬菜、禽肉、水产品大多是用普通卡车运输，至多上面盖一块帆布或者塑胶布。以果蔬产品为例，据有关数据统计，我国每年约有8000吨果蔬腐烂，损失率为25％～30％，这些损失可以满足2亿人口的基本营养需求，这与发达国家5％以下的果蔬损失率相比差距很大。

第五，是农产品流转环节多，食品安全控制难度大。农产品从产地收获之后，有两大类商品必须通过冷链：一是初级农产品；二是以农产品为原料的加工食品。在经过产品加工、储藏、运输、批发与零售，直到消费者手中，其各个环节始终处在低温环境下的特殊供应链系统中。由于目前农产品流转环节涉及的主体繁杂，食品冷链储藏设备、运输设备以及保鲜技术、温控技术还不完善和成熟，行业与政府监管部门难以在各个流转环节实施过程检测与追踪控制，发生在各环节中的过程损耗与食品安全都难以得到有效控制。

第三节　农产品供应链管理方法

常见的供应链管理方法包括快速反应（QR）和有效客户反应（ECR）。QR是指物流企业面对多品种、小批量的买方市场，不是储备了"产品"，而是准备了各种"要素"，在用户提出要求时，能以最快速度抽取"要素"，及时"组装"，提供所需服务或产品。QR是美国纺织服装业发展起来的一种供应链管理方法。ECR是从美国的食品杂货业发展起来的一种供应链管理策略，也是一个由生产厂家、批发商和零售商等供应链组成的，各方相互协调和合作，更好、更快并以更低的成本以满足消费者需要为目的的供应链管理解决方案。ECR 是以满足顾客要求和最大限度降低物流过程的费用为原则，能及时做出准确反应，使提供的物流供应或服务流程优化的一种供应管理战略。

一、快速反应

（一）快速反应的概念和具体策略

1．快速反应的概念

快速反应是指在供应链中，为了实现共同的目标，零售商和制造商建立战略伙伴关系，利用 EDI 等信息技术，进行销售时点的信息交换以及订货补充等其他经营信息的交换，用多频度小数量配送方式连续补充商品，以实现缩短交货周期、减少库存、提高客户服务水平和企业竞争力的供应链管理方法。

一般来说，供应链的共同目标包括：①提高顾客服务水平，即在正确的时间、正确的地点用正确的商品来响应消费者的需求；②降低供应链的总成本，增加零售商和厂商的销售额，从而提高零售商和厂商的获利能力。

快速反应策略成功的前提是零售商和厂商关系良好，实现这种关系的方法之一就是建立战略合作伙伴关系。战略伙伴关系要求厂商高级经理之间进行沟通和接触，然后将这种关系自上而下渗透到整个组织中，同时要求多个部门都参与规划和执行各阶段的工作。不是所有的贸易伙伴都能变成战略伙伴，成功的战略伙伴应具备的条件包括：巨大的增长潜力，跨部门的沟通，长远的观点和一致的目标，永远关注顾客的需要和不断地监测业绩。

2．快速反应的具体策略

QR 的具体策略包括待上架商品准备服务（floor－ready merchandise）、自动物料搬运（automatic material handling）等。

（二）快速反应的实施

实施 QR 需要经过 6 个步骤。任何一个步骤都需要以前一个步骤为基础，并比前一个步骤有更高的回报，但是需要额外的投资。

1．条形码和 EDI

零售商首先必须安装通用产品代码（UPC 码）、POS 扫描和 EDI 等技术设备，以加快 POS 机收款速度，获得更准确的销售数据并使信息沟通更加通畅。POS 扫描用于数据输入和数据采集，即在收款检查时用光学方式阅读条形码，然后将条形码转换成相应的商品代码。

UPC 码是行业标准的 12 位条形码，用作产品识别。正确的 UPC 产品标志对 POS 端的顾客服务和有效的操作是至关重要的，扫描条形码可以快速准确地检查价格并记录交易。

EDI 是在计算机间交换商业单证，需遵从一定的标准，如美国国家标准协会（ANSI）X20 零售业的专用标准是"志愿跨行业通信标准"委员会制订的，食品类的专用标准是美国统一代码委员会（UCC）制订的，EDI 要求公司将其业务单证转换成行业标准格式，并传输到某个增值网（VAN），贸易伙伴在 VAN 上接收到这些单证，然后将其从标准格式转到自己系统可识别的格式。EDI 可传输的单证包括订单、发票、订单确认、销售和存货数据及事先运输通知等。

EDI 的实施一般分为以下几个阶段：

（1）EDI 的技术实现，主要满足贸易伙伴通过 EDI 进行沟通的需要。

（2）将 EDI 系统同厂商和零售商现有的内部系统集成起来，加快信息流的速度，并提高通信数据的准确性。

（3）重新设计业务流程，以支持全面实现 EDI 后带来的角色和责任的变化，快速反应要求厂商和零售商完成本阶段的 EDI 实施，许多零售商和厂商都了解 EDI 的重要性，所以已经实施了一些基本交易（如采购订单、发票等）的 EDI 业务。而且很多大型零售商也强制其厂商实施 EDI 来保证快速反应，但 EDI 的全面实施还需要时间。

2. 固定周期补货

QR 的自动补货要求供应商更快、更频繁地运输新订购的商品，以保证店铺不缺货，从而提高销售额。通过对商品实施快速反应并保证这些商品能敞开供应，零售商的商品周转速度更快，消费者可以选择更多的花色品种。

某些基本商品每年的销售模式实际上都是一样的，一般不会受流行趋势的影响。这些商品的销售量是可以预测的，所以不需要对商品进行考察来确定订货的数量。

自动补货是指基本商品销售预测的自动化自动补货，使用基于过去和目前销售数据及其可能变化的软件进行定期预测，同时考虑目前的存货情况和其他一些因素，以确定订货量。自动补货是由零售商、批发商在仓库或店内进行的。

3. 先进的补货联盟

这是为了保证补货业务的流畅，零售商和消费品制造商联合起来检查销售数据，制订关于未来需求的计划和预测，在保证有货和减少缺货的情况下降低库存水平。还可以进一步由消费品制造商管理零售商的存货和补货，以加快库存周转速度、提高投资毛利率。投资毛利率是销售商品实际实现的毛利除以零售商的库存投资额。

4. 零售空间管理

这是指根据每个店铺的需求模式来规定其经营商品的花色品种和补货业务。一般来说，对于花色品种、数量、店内陈列及培训或激励售货员等决策，消费品制造商也可以参与甚至制订决策。

5．联合产品开发

这一步的重点不再是一般商品和季节商品，而是像服装等生命周期很短的商品，厂商和零售商联合开发新产品，其关系的密切超过了购买与销售的业务关系，缩短从新产品概念到新产品上市的时间，而且经常在店内对新产品实时试销。

6．快速反应的集成

通过重新设计业务流程，将前五步的工作和公司的整体业务集成起来，以支持公司的整体战略快速反应。前四步的实施，可以使零售商和消费品制造商重新设计产品补货、采购和销售业务流程。前五步使配送中心得以改进，可以适应频繁的小批量运输，使配送业务更加流畅。

同样，由于库存量的增加，大部分消费品制造商也开始强调存货的管理，改进采购和制造业务，使之能够做出正确的反应。

最后一步零售商和消费品制造商重新设计整个组织、绩效评估系统、业务流程和信息系统，设计的重点围绕着消费者而不是传统的公司职能，这要求集成的信息技术有时可以先完成最后一步工作，至少是设计整体体系结构，这样补货的改进和新产品的开发就会尽可能地互相吻合。在确定公司核心业务及其发展方向时，应具有战略性的眼光。

（三）快速反应在农产品供应链中的应用

1．建立具有比较优势的农产品生产基地

根据各地的实际生态环境以及当地的种植历史和经验，选择本区域优势农产品进行生产和开发，这样可以形成生产、运输和配送等规模效应，降低流通成本，并且由于大面积种植优势产品，农户之间的信息共享、经验共享程度就会更高，相应的配套措施也会更集中和齐全，也就实现了农产品生产的集群效应，如山东寿光的蔬菜、河南的花卉、甘肃定西的土豆、浙江舟山的水产品等。

2．组建核心企业

从供应链的结构来看，实施供应链管理需要确定一个居于主导地位的核心企业。供应链中的核心企业可以是农户组建起来的合作社或协会，也可以是实力强大的运销商、部分农业龙头企业。当然，第三方农产品物流服务商、专业的农产品超市也是核心企业的来源。近年来，各地政府推动农业产业化的政策制定主要是围绕两个主导产业，集中资源扶持几个具有较强领导能力、凝聚力及管理能力的龙头企业。政策的扶持促进了资源的集中和优化配置，客观上为实施供应链管理提供了必要的条件。

3. 第三方物流服务

由于第三方物流服务商专业性强，又具有规模和经济效益，可以利用他们的力量对农产品进行相应的运输和储存。当然，在农产品交由第三方物流服务商进行运作的时候，要考虑到现有的大量中小型运销商，这方面政府部门应该发挥更大的作用，要引导他们未来的职业方向。

4. 大力发展农产品超市

目前，消费者购买农产品的主要场所是各种类型的农贸市场。农贸市场主要是以个体和私营的商贩为主，他们各自负责自己的采购和销售，经常会出现恶性的价格竞争，这给农产品的供应链管理带来了很大的成本压力，并且降低了效率，加深了供应链结构的复杂性。通过把农贸市场逐步转变为农产品超市，可以发挥超市的规模效应，并且超市有自己的一套严格的采购标准，以提高农产品的安全性，而且超市对阻止农产品价格的恶性竞争有一定的效果。

5. 农产品标准化、条码化管理

农产品标准化问题一直是制约农产品流通的"瓶颈"，传递正确的产品信息是发生交易行为的前提，对此，农产品电子商务网站和农产品企业应加强标准化管理，实现农产品生产和流通的规范化、标准化。例如，中农网按照采购者的习惯，将农产品及其加工品分成 18 个大类，每一大类分成 10 个小类，通过这种划分标准规范了大部分农产品，通过超链接提供相应的标准描述，使所有浏览者都可以准确、直观地了解产品的信息。

6. 加强信息系统的建设

网络控制管理和信息交换服务，包括与其他涉农系统的信息交换与共享；建立和维护国家级农业数据库群及其应用系统；协调制订统一的信息采集、发布的标准规范，对区域中心、行业中心实施技术指导和管理；组织农业现代化信息服务及完善各类计算机应用系统，如专家系统、地理信息系统、卫星遥感信息系统的开发和应用。种植业、畜牧、渔业、农业科技教育、农产品市场等领域已初步形成一批自下而上的信息采集系统，这些为提升农产品供应链的运作效率以及科学决策提供了有力的保证。在加强信息系统建设时要注意供应链上各伙伴之间的信息系统集成，从而加速相互间信息的沟通和共享。

7. 建立合作伙伴关系

与供应链各方建立战略合作伙伴关系，具体包括：积极寻找和发现战略合作伙伴，在合作伙伴之间建立分工和协作关系；合作各方共同为提高供应链的反应速度、降低成本、更好地满足消费者对农产品的需求而共同努力，并努力建立一种利益分享的机制。

8. 联合预测和开发产品

通过运用先进的信息技术，各农产品供应链上的主体密切合作，高度共享供需信息，共同为满足最终消费者的需求而进行联合预测，并可对农产品进行联合开发，提高供应链主体的整体素质。对于农产品供应链管理来说，客观条件虽然重要，但人的主观能动性却起着主导作用，观念是行动的先导，只有观念改变了，才能推动农产品供应链管理的全面发展，所以，要加强这方面的教育和引导，使农户和部分农产品企业改变传统观念，让其充分认识到农产品供应链管理的可行性、必要性和紧迫性，加快农产品的流通速度，降低成本，更好地满足消费者的需求。

农产品的供应链结构相对工业产品来说具有特殊性和复杂性，农产品供应链对速度和成本有一定的要求，把供应链中的快速反应思想应用在农产品供应链中，可以为提高速度和降低成本提供一个思路。

二、有效客户反应

（一）有效客户反应的概念

有效客户反应（Efficient Consumer Response，ECR）是在食品杂货分销系统中分销商和供应商为消除系统中不必要的成本和费用，给客户带来更大效益而进行密切合作的一种供应链管理策略。

ECR 的最终目标是建立一个具有高效反应能力和以客户需求为基础的系统，使零售商及供应商以业务伙伴方式合作，提高整个食品杂货供应链的效率，而不是单个环节的效率，从而大大降低整个系统的成本、库存和物资储备，同时为客户提供更好的服务。

要实施"有效客户反应"这一战略思想，首先，应联合整个供应链所涉及的供应商、经销商以及零售商，改善供应链中的业务流程，使其最合理有效；然后，再以较低的成本，使这些业务流程自动化，以进一步降低供应链的成本和时间。具体地说，实施 ECR 需要将条码、扫描技术、POS 系统和 EDI 集成起来，在供应链（由生产线直至付款台）之间建立一个无纸系统，以确保产品能不间断地由供应商流向最终客户。同时，信息流能够在开放的供应链中循环流动，这样，才能满足客户对产品和信息的需求，即给客户提供最优质的产品和适时准确的信息。

"有效客户反应"是一种运用于工商业的策略，供应商和零售商通过共同合作（如建立供应商/分销商/零售商联盟），改善其在货物补充过程中的效率，而不是以单方面不协调的行动来提高生产力，这样能节省由生产到最后销售的贸易周期成本。

通过 ECR，如计算机辅助订货技术，零售商无须签发订购单，即可实现订货。供应商则可利用 ECR 的连续补充技术，随时满足客户的补货需求，便于销售商的存货保持在最优水平，从而提供高水平的客户服务，并进一步加强与客户的关系。供应商同时也可从商店的销售点数据中获得新的市场信息，改变销售策略。对于分销商来说，ECR 可使其快速分拣运输包装，加快订购货物的流动速度，进而使消费者享用更新鲜的物品，增加购物的便利和选择，并加强消费者对特定物品的偏好。

（二）有效客户反应的四大要素与原则

1. 有效客户反应的四大要素

快速产品引进（efficient product introduction）、快速商店分类（efficient store assortment）、快速促销（efficient promotion）以及快速补充（efficient replenishment）被称为 ECR 的四大要素。对于前三种，目前主要还停留在理论研究阶段，而研究最多的就是"快速补充"。

2. 有效客户反应的应用原则

应用 ECR 时必须遵守 5 项指导原则。

（1）以较少的成本，不断致力于向食品杂货供应链客户提供更优的产品、更高的质量、更好的分类、更好的库存服务以及更多的便利服务。

（2）ECR 必须由相关的商业带头人启动。该商业带头人应决心通过代表共同利益的商业联盟取代旧式的贸易关系而达到获利的目的。

（3）必须利用准确、适时的信息以支持有效的市场、生产及后勤决策。这些信息将在贸易伙伴间自由流动，它将影响以计算机信息为基础的系统信息的有效利用。

（4）产品必须随其不断增值的过程，从生产至包装，直至流动到最终客户的购物篮中，以确保客户能随时获得所需产品。

（5）必须建立共同的成果评价体系。该系统注重整个系统的有效性（即通过降低成本与库存以及更好的资产利用，实现更优价值），清晰地标识出潜在的回报（即增加的总值和利润），促进对回报的公平分享。

总之，ECR 是供应链各方推进真诚合作来实现消费者满意和实现基于各方利益的整体效益最大化的过程。

（三）有效客户反应战略的内容[①]

事实表明，ECR 能够大幅度地降低成本是食品行业的厂商、批发商和零售

① （美）科尼利斯·德·克鲁维尔，（美）约翰·皮尔斯二世. 马昕，译. 战略高管的视角 第 4 版［M］. 北京：世界图书北京出版公司，2012.

商通过采用有效的店内布局、有效的补货、有效的促销以及有效的产品导入等战略来达到这一目标的。品种管理是 ECR 的核心，通过向消费者传递价值来提高业绩。利用最新的信息技术并关注消费者的需求，品种管理能够使零售商和制造商针对某一品种优化其产品、定价、促销和渠道管理战略。下面是有效客户反应的四种战略。

1. 有效的店内布局

实施这一战略，其目的是通过有效地利用店铺的空间和店内布局，以最大限度地提高商品的获得能力。利用计算机化的空间管理系统，零售商可以提高货架的利用率。有效的商品分类要求店铺储存消费者需要的商品，把商品范围限制在高销售率的商品上，从而提高所有商品的销售业绩。了解消费者的意见是商品品种决策对企业的要求，消费者调查的信息有力地帮助了企业了解消费者的购买行为。优秀的零售商至少每月检查一次商品的空间分配情况，甚至每周检查一次，这样能够使品种经理可以对新产品的导入、老产品的撤换、促销措施及季节性商品的摆放制订及时准确的决策。同时，分析各种商品的投资回报率，有助于企业了解商品的销售趋势，据此可以使企业对商品的空间分配进行适当的调整，从而保证商品的销售，实现事先确定的投资收益水平。

2. 有效的补货

该战略是通过努力降低系统的成本，从而降低商品的售价。其目的是将正确的产品在正确的时间和正确的地点以正确的数量和最有效的方式送给消费者。有效补货的构成要素主要包括 POS 机扫描、店铺商品预测、店铺的电子收货系统、商品的价格和促销数据库、动态的计算机辅助订货系统、集成的采购订单管理、厂商订单履行系统、动态的配送系统、仓库电子收货、直接出货、自动化的会计系统、议付。

3. 有效的促销[1]

有效的促销战略的主要内容是简化贸易关系，将经营重点从采购转移到销售。快速周转消费品行业现在把更多的时间和资金用于对促销活动的影响进行评价的局面。消费者则可以从这些新型的促销活动所带来的低成本中获利。构成食品行业的促销活动主要有消费者广告、消费者促销和贸易促销。近年来，食品行业促销费用的重点从广告促销转到贸易促销，而消费者促销没有很大变化。

4. 有效的新产品导入

不管哪一个行业，新产品导入都是一项重要的创造价值的业务。它们能够为

---

[1] （德）约阿希姆·森特斯，（瑞士）迪尔克·莫舍特，（德）汉娜·施拉姆·克莱. 刘斌，王大群，冯叔君，译. 零售战略管理 [M]. 上海：复旦大学出版社，2016.

消费者带来新的兴趣、快乐，为企业创造新的机会。

有效的产品导入包括让消费者和零售商尽早接触到这种产品。首要的策略就是零售商和厂商应为了双方共同利益而密切合作。这个业务包括把新产品放在一些店铺内进行试销，然后再按照消费者的类型分析试销的结果，根据这个信息决定怎样处理这种新产品，处理办法包括淘汰该产品、改进该产品、改进营销技术、采用不同的分销策略。

ECR 战略的实施可以减少多余的活动和节约相应的成本。节约直接成本，即通过减少额外活动和费用直接降低成本；节约财务成本，即间接的成本节约，主要是因为实现单位销售额而降低存货要求。具体来说，节约的成本包括商品成本、营销费用、销售和采购费用、后勤费用、管理费用和店铺的经营费用等。ECR 的导入可能会导致营业利润下降。所谓营业利润是指去掉所有的经营费用后的净收入，它主要是用来支付税收、利息和红利，剩下的钱是用于继续发展的留存盈余。尽管营业利润降低了，但实际上制造商和零售商并没有损失，这是因为随着固定资产和流动资金（存货）的降低，投资收益率增加了。

（四）有效客户反应的构建

ECR 作为一个供应链管理系统，需要把市场营销、物流管理、信息技术和组织革新技术有机结合起来作为一个整体使用，以实现 ECR 的目标。构筑 FXK 系统的具体目标是实现成本的流通、基础关联设施建设、消除组织间的隔阂、协调合作满足消费者需要。组成 ECR 系统的技术要素主要有信息技术、物流技术、营销技术和组织革新技术[①]。

1. 信息技术

ECR 系统应用的信息技术主要有 EDI 和 POS 销售时点技术。

ECR 系统的一个重要信息技术是 EDI 信息技术，其作用之一是实现事务作业的无纸化或电子化，利用 EDI 在供应链企业间传送交换订货发货清单、价格变化信息、付款通知单等文书单据。例如，厂家在发货的同时预先把产品清单发送给零售商，这样零售商在商品到货时，用扫描仪自动读取商品包装上的物流条形码获得进货的实际数据，并自动地与预先到达的商品清单进行比较。因此，使用 EDI 可以提高事务作业效率。另一方面，可以利用 EDI 在供应链企业间传送交换销售时点数据、库存信息、新产品开发信息和市场预测信息等直接与经营有关的信息。例如，生产厂家可利用销售时点信息把握消费者的动向，安排好生产计划；零售商可利用新产品开发信息预先做好销售计划。因此，使用 EDI 可以提高整个企业，乃至整个供应链的效率。

ECR 系统的另一个重要信息技术是 POS。对零售商来说，通过对从店铺收

---

① （英）帕特里夏·韦林顿. 何润宁，译. 客户管理改善策略 制定与实施有效的客户管理方案［M］. 北京：经济管理出版社，2003.

银台读取的 POS 数据进行整理分析，可以掌握消费者的购买动向，找出畅销商品和滞销商品，做好商品类别管理可以通过利用 POS 数据做好库存管理、订货管理等。对生产厂家来说，通过 EDI 利用及时准确的 POS 数据，可以把握消费者需要，制订生产计划，开发新产品，还可以把 POS 数据和 EOS 数据结合起来分析把握零售商的库存水平，进行 VMI 的库存管理。现在，许多零售企业把 POS 数据和顾客卡、点数卡等结合起来使用。通过顾客卡，可以知道某顾客每次购买的时间、商品、金额，到目前为止总计购买的商品、金额，这样可以分析顾客的购买行为，发现不同层次顾客的需要，做好商品促销等方面的工作。

2. 物流技术[①]

ECR 系统要求及时配送和顺畅流动，实现这一要求的方法有连续库存补充计划（Continuous Replenishment Plan，CRP）、自动订货（Computer Assisted Ordering，CAO）、预先发货通知（Advanced Shipping Notice，ASN）、供应商管理用户库存（VMI）、交叉配送、店铺直送（DSD）等。

连续库存补充计划是利用及时准确的 POS 数据确定销售的商品数量，根据零售商或批发商的库存信息和预先规定的库存补充程序确定发货补充数量和配送时间的计划方法。

自动订货是基于库存和需要信息利用计算机进行自动订货的系统。

预先发货通知是生产厂家或者批发商在发货时利用电子通信网络提前向零售商传送货物的明细清单。这样零售商事前可以做好货物进货准备工作，同时可以省去货物数据的输入作业，提高商品检验作业效率。

供应商管理用户库存（VMI）是生产厂家等上游企业对零售商等下游企业的流通库存进行管理和控制。具体地说，生产厂家基于零售商的销售、库存等信息，判断零售商的库存是否需要补充。如果需要补充，自动地向本企业的物流中心发出发货指令补充零售商的库存，VMI 方法包括 POS、CAO、ASN 和 CRP 等技术。在采用 VMI 的情况下，虽然零售商的商品库存决策主导权由作为供应商的生产厂家把握，但是，在店铺的空间安排、商品货架布置等店铺空间管理决策方面仍然由零售商主导。

交叉配送（Cross Docking）是在零售商的流通中心，把来自各个供应商的货物按发送店铺迅速进行分拣装车，向各个店铺发货。在交叉配送的情况下，流通中心便是一个具有分拣装运功能的配送中心，这样有利于缩短交货周期，减少库存，提高库存周转率，从而节约成本。店铺直送（Direct Store Delivery，DSD）方式是指商品不经过流通配送中心，直接由生产厂家运送到店铺的运送方式。采用店铺直送方式可以保持商品的新鲜度，减少商品运输破损，缩短交易周期。

---

① 邹安全主编. 现代物流信息技术与应用［M］. 武汉：华中科技大学出版社，2017.

3. 营销技术

在 ECR 系统[①]中采用的营销技术主要是商品类别管理（CM）和店铺货架空间管理（SM）。商品类别管理是以商品类别为管理单位，寻求整个商品类别全体收益最大化。具体来说，企业对经营的所有商品按类别进行分类，确定或评价每一个类别商品的功能收益性和成长性等指标，在此基础上，结合考虑各类商品的库存水平和货架展示等因素，制订商品品种计划，对整个商品类别进行管理，以便在提高服务水平的同时增加企业的销售额和收益水平。例如，企业把某类商品设定为吸引顾客的商品，把另一类商品设定为增加企业收益的商品，努力做到在满足顾客需要的同时兼顾企业的利益，商品类别管理的基础是对商品进行分类。分类的标准、各类商品功能和作用的设定依企业的使命和目标不同而异，但是原则上商品不应该以是否方便企业来进行分类，而应该以顾客的需要和购买方法进行分类。店铺空间管理是对店铺的空间安排、各类商品的展示比例、商品在货架上的布置等进行最优化管理。在 ECR 系统中，店铺空间管理和商品类别管理同时进行，相互作用，在综合店铺管理中，应对该店铺的所有类别的商品进行货架展示面积的分配，对每个类别下的不同品种的商品进行货架展示面积分配和展示布置，以便提高单位营业面积的销售额和单位营业面积的收益率。

4. 组织革新技术

应用 ECR 系统不仅需要组成供应链的每一个成员紧密协调与合作，还需要企业内部各个部门间的紧密协调与合作，因此成功地应用 ECR 需要对企业的组织体系进行革新。在企业内部的组织革新方面，需要把采购、生产、物流、销售等按职能划分的组织形式改变为以商品流程为基本职能的横向组织形式，也就是把企业经营的所有商品按类别划分，对应每一个商品类别设立一个管理团队，以这些管理团队为核心构成新的组织形式。在这种组织形式中，给每一个商品类别设定经营目标（如顾客满意度、收益水平、成长率等），同时在采购、品种选择、库存补充、价格设定、促销等方面赋予相应的权限。每个管理团队有个总体负责的商品类别管理人员和6～7个负责各个职能领域的成员组成。由于商品类别管理团队规模小，内部容易交流，各职能间易于协调，在组成供应链的企业间容易建立双赢型的合作伙伴关系。具体来讲，厂家和零售商都需要在各自企业内部建立以商品类别为管理单位的组织。这样双方相同商品类别的管理就可聚集在一起，讨论从材料采购、生产计划到销售状况、消费者动向等有关该商品类别的全盘管理问题。另外，需要在企业间进行信息交换和信息分享。当然，这种合作伙伴关系的建立有赖于企业最高决策层的支持。前面已经谈到 ECR 是供应链各方通过真诚合作来实现消费者满意和实现基于各方利益的整体效益最大化的过程。

---

① （日）山崎康司. 第三次经营革命：ECR 式经营方式：方法与步骤［M］. 北京：东方出版社，2008.

三、快速反应与有效客户反应的差异

ECR 主要以食品行业为对象，其主要目标是降低供应链各环节的成本，提高效率。QR 主要集中在一般商品和纺织行业，其主要目标是对客户的需求做出快速反应，并快速补货。这是因为食品杂货业与纺织服装业经营的产品特点不同。杂货业经营的产品多是一些功能型产品，每一种产品的寿命相对较长（生鲜食品除外），因此订购数量过多（或过少）的损失相对较小。纺织服装业经营的产品多属创新型产品，每一种产品的寿命相对较短，因此订购数量过多（或过少）造成的损失相对较大。

两者的主要差别在于：

（1）侧重点不同。QR 侧重于缩短交货提前期，快速响应客户需求；ECR 侧重于减少和消除供应链的浪费，提高供应链运行的有效性。

（2）管理方法有差别。QR 主要借助信息技术实现快速补发，通过联合产品开发缩短产品上市时间；ECR 除新产品快速有效引入外，还实行有效商品管理，有效促滚动。

（3）适用的行业不同。QR 适用于单位价值高、季节性强、可替代性差的产品；ECR 适用于单位价值低、周转快的功能型产品。

（4）改革的重点不同。QR 改革的重点是补货和订货的速度，目的是最大限度地消除缺货，并且只在商品需求时才去采购；ECR 改革的重点是效率和成本。

ECR 和 QR 的共同特征表现为超越企业之间的界限，通过合作追求物流效率化。具体表现在 3 个方面：

（1）贸易伙伴间商业信息的共享；

（2）商品供应方进一步涉足零售业，提供高质量的物流服务；

（3）企业间订货、发货业务全部通过 EDI 来进行，实现订货数据或出货数据的无纸化传送。

第四章 物联网环境下的农产品供应链信用体系

第一节 物联网环境下农产品可追溯系统

近几年来，活蛆巧克力、人造鱼翅、新西兰毒奶粉、假羊肉、马桶冰、狐狸肉等食品安全事件接踵而来，冲击着人们对食品安全的信心。食品安全事件不仅引发了公众对当事企业的信任危机，也影响到公众对整个农产品供应链以及政府监管部门的信任。建设从生产到最终消费的全过程农产品质量安全可追溯控制体系，是解决农产品安全问题、维护消费者权益的有效途径。

通过农产品可追溯系统，一旦出现农产品安全事故，可以第一时间找到所有的相关产品。这一系统还可以严格地监控整个农产品产业链上从饲养种植到最终消费的各个环节，一方面给予消费者足够的信息知情权，另一方面也为相关政府部门监管市场提供有效手段。农产品的类型很多，在此仅以农场畜牧养殖生产的生鲜肉类产品为例，对农产品可追溯系统的构建展开研究。

一、可追溯系统概述

农产品的可追溯性这一概念起源于 1996 年英国疯牛病引发的恐慌。目前，欧盟、美国等发达国家已经建立了一套法律体系，对部分品类的农产品上市销售提出了严格的产品可追溯性要求，并严禁缺乏可追溯体系支撑的农产品进入当地市场。国际标准化组织和国际食品法典委员会（CAC）对"可追溯性"有过严格的定义，"Traceability is the ability to trace the history, application or location of an entity by means of recorded information"，即"可追溯性是指通过记录信息的应用程序或实体的位置来进行历史追踪的能力"[①]。我国对农产品可追溯性也提出了明确的规定，《中国良好农业规范》中要求：农产品通过记录证明来追溯产品的历史、使用和所在位置的能力（即材料和成分的来源、产品的加工历史、产品交货后的销售和安排等）。

---

① （英）史密斯，（英）费内斯主编. 钱和，译. 食品加工和流通领域的可追溯性 [M]. 北京：中国轻工业出版社，2010.

可追溯系统实际上是一个信息记录系统，这一系统将产品的整个供应过程中的各种与产品质量相关的信息进行记录并向相关部门反馈[①]。当消费者需要确认食品溯源信息或者出现食品安全事件的时候，能够快速有效地查询到产品的生产、加工、流通等所有供应环节的责任人，以期可以对产品进行召回、评估或是惩罚，由此来提高产品质量水平。

二、可追溯系统的需求分析

（一）可追溯系统的功能需求

要达到从"田间到餐桌"端到端的监控，需要借助现代物联网技术实现对农产品全流程的信息跟踪。农产品的供应全过程及检验环节的关键信息必须做到可追溯，其中包括了种植养殖、生产加工、仓储物流，到市场销售、消费使用等各个环节的有效监控。

在数据建立方面，农产品可追溯系统要实现全业务流程的数据采集和生产管理的可追溯化，需以物联网技术作为物理载体，并利用这一载体记录生产、加工、建立、仓储、运输、销售等供应链各个环节的信息，产生具有唯一表示作用的电子标签，以保证该产品的可追溯性，消费者和监管部门可以通过扫描产品编码查询产品的来源和各个环节。

在终端查询方面，农产品可追溯系统应该同时支持数字编码录入查询与二维码扫描查询，实现对农产品供应全流程由下游至上游的信息追溯，农产品生产流通链条上各个环节出现的质量问题都可以问责。

（二）农产品供应流程分析

为了能对农产品从田间到货架整个过程进行追溯，通过对现有系统问题的分析，农产品可追溯系统的流程大致如下：

（1）在牲畜的养殖过程，为牲畜加上标识，并记录牲畜的品种、出生日期等基本信息。同时，在养殖过程中，工作人员还应将该牲畜的饲料、病虫防治、出栏等导入数据库中。

（2）在牲畜的屠宰检疫过程中，每个环节都采用无线传感网络记录该批产品的环境信息，同时由相关检疫部门为该产品的检疫信息打上电子签名。

（3）在产品的仓储运输过程中，安装在运输车和仓库内的读写器记录从传感器获得的环境信息以及各物流环节的时间、验收以及责任单位等信息，最终导入到追溯数据库中。

（4）在农产品的包装过程中，在外包装上打印与电子标签相对应的条形码，以便消费者可以通过条形码查询农产品的相关信息。

---

① 金海水，林小平，刘永胜. 食品质量信息可追溯的经济性及其管控机制研究［M］. 北京：经济日报出版社，2021.

此外，这个系统还应将数据库里记录的养殖、检疫、物流等信息与该产品的财务信息和相关国家标准相核对。

三、可追溯系统方案的设计——以生鲜肉类为例

（一）可追溯系统的物理架构

从生鲜肉类农产品物流的实际流程追溯系统出发，追溯系统设计可分为信息采集、信息传输和信息发布三个部分。信息采集部分通过 RFID 和无线传感器网络实现对农产品生产、物流全过程的信息采集。物联网系统获取农产品在整个供应流程信息，进行 EPC 编码后，通过 Internet 网络、GPRS 网络等通信方式将数据传输到 Savant 系统。最后在信息发布部分，通过数据库系统和应用程序实现对数据信息的管理和信息追溯等功能。

（二）可追溯系流方案的设计

其系统主要分为六个部分。

1. 农产品安全可追溯公共服务中心

公共服务中心是整个可追溯系统的基础平台，是其他五个系统协同运作的操作调控中心和数据处理中心。这一中心系统将养殖信息管理系统、检疫信息管理系统、物流信息管理系统、深加工信息管理系统、产品追溯查询系统中产生的各种数据进行统一管理。

公共服务中心承担着可追溯系统的基础数据和动态记录的存储与处理、统计分析等功能。数据库选用 SQLServer2000 或者 MySQL 建立，网络结构模式选用 C/S 结构。为了处理对牲畜的养殖过程进行实时监控而产生的大量数据，采用 C/S 结构可以充分利用系统两端的硬件资源，系统的计算任务可以由客户端和服务器端来实现，大大减少网络传输数据，从而达到降低传输负担的效果。公共服务中心实现了对牲畜养殖关键过程的监控和畜牧业的管理信息化，并为建立农产品可追溯系统提供数据基础。为了提高系统的安全性，公共服务中心下的数据库系统还须通过远程镜像的方式对数据进行备份。

2. 养殖管理信息系统

整个追溯过程中，在养殖场环节应采用养殖场子系统记录牲畜在养殖场中的品种谱系、饲料疫苗、销售渠道等信息，并将该信息提交给中心数据库。通过 RFID 电子耳标嵌入刚出生仔畜的耳朵，对每个牲畜个体附加唯一性的标识。而牲畜生长批次、饲料检疫等信息的采集和修改，将通过人工的方式用读写器对电子耳标的读写来完成。然后，将信息与畜产品质量安全追溯综合公共服务平台对接，以供追溯、查验及监管。

3. 检疫信息管理系统

屠宰是畜产品生产的第二个环节，根据《生猪屠宰管理办法》等相关法律和规定，定点屠宰和集中检疫是牲畜屠宰的基本原则。将屠宰厂生产出库的生鲜肉

类产品信息正确地关联其来源的动物个体和养殖场，是检疫信息管理系统维护整个追溯系统信息链完整的最重要的职能。

检疫信息管理系统监控整个屠宰过程并处理相关信息。系统将首先通过耳标确认牲畜是否符合屠宰标准，并在读取到不合格牲畜的时候自动报警并产生记录。一般而言，屠宰车间由于污水、污血较多，所以对 RFID 电子标签和读写器有防水性能的要求，因此在屠宰生产线上需换用特殊的 RFID 和读写器。系统须在屠宰前读取活体的 RFID 电子标签中的信息，并将这一信息上传到服务器储存起来。在屠宰过程中，须替换新的 RFID 系统。使用电子秤等设备称重以后，还须使用满足屠宰生产工艺要求的 RFID 电子标签替换宰前活体的 RFID 电子标签，为畜产品建立新的 ID，并通过数据库将两种标签一一对应起来，将旧 RFID 中条目下存储的信息添加到数据库中新 ID 的名下。然后，将宰后胴体的重量、屠宰单位、屠宰日期等信息记录于数据库新 RFID 标签下的信息条目。最后，通过无线传感网络将这些设备与后台服务器连接起来，达到各项数据实时检测和更新的目的。

在检疫环节，检疫信息管理系统首先读取该肉品的 RFID 信息，并将与之相对应的检疫结果匹配并上传至服务器，同时对不合格的产品发出警示信号，并进行标记。

4．物流信息管理系统

进入运输环节，首先用手持 REID 读写器读取记录车辆信息、运输单位、检疫消毒等基本信息的车载 RFID 卡，在装车过程中再对胴体内电子标签逐一读取，对信息不完整和不合格的产品发出警告。

装车完毕以后，货运司机应在系统中填写运货单，向物流信息管理系统输入关键时间节点和始终地点，并通过扫描车载 RFID 录入运输车辆的基本信息。由物流信息管理系统将这些信息打包，并产生唯一的封识号。鲜肉在整个物流过程中都应进行铅封处理，在每个转交的环节中，都需要核对车牌号和封识号。

5．深加工信息管理系统

在深加工环节，商户须对产品进行分割、包装、出售处理。对于每一份深加工以后的产品，商户可用识读设备读取肉品信息，并给自己的分割品设置二维码，再将此二维码作为最终的追溯标记打印在商品外包装或者收银条上。

6．产品追溯查询系统

在消费环节，为了让消费者便捷地查询生鲜肉品的整个供应过程，实现产品的可追溯性，产品追溯查询系统需要为消费者和市场监管部门提供便捷的查询手段。系统一方面要为消费者提供根据安全追溯码查询肉产品来源和各级检验结果信息的功能，另一方面也要为相关监管部门提供即时和完整的食品安全控制功能，使得监管部门可以对问题追根溯源。

农产品的安全和质量保证与居民生活息息相关。除了生产过程中的质量问题，在物流过程中生鲜农产品对物流的速度和环境控制也有严格的要求，对全程供应过程的信息提取与监控对保障生鲜农产品的质量和安全有着特殊的意义。针对我国当前农产品由于流通环节过多、流通效率低下而导致的食品安全问题，搭建基于物联网技术农产品可追溯系统，可以有效地提高和保障农产品的安全和质量。

第二节　区块链技术在农产品信用模式中的应用展望

一、比特币与区块链

比特币（Bit Coin）始于 2009 年，由化名的开发者中本聪提出概念，设计发布了开源软件及建构其上的 P2P 网络。比特币从诞生之日起，逐渐被世人所熟知，在国内还曾经兴起火爆的挖矿热[①]。比特币是一种 P2P 形式的数字货币，目前已成为一种全球通用的加密互联网货币。去中心化的比特币不由中央发行机构发行和维护交易，其工作由网络合作完成，由数字加密算法保证交易安全。作为货币，目前世界各国对其合法性存在不同认知[②]。区块链是比特币的一个重要概念，是比特币的底层技术，区块链是一串使用密码学方法相关联产生的数据块（称为"区块"，block），每一个数据块中包含了一次比特币网络交易的信息，用于验证其信息的有效性（防伪）和生成下一个区块，新增的数据块总能链接到上一个区块，即整条区块链的尾部。区块链是由一群分散的客户端节点共同参与并组成的数据库，比特币点对点网络将所有的交易历史都存储在"区块链"中，像一个数据库账本，记载所有的交易记录，其本质上是一个去中心化的分布式数据库。

区块链作为比特币的底层技术，近年来因为其安全、便捷的特性逐渐得到银行与金融业的关注。

二、区块链与食品安全

（一）区块链的特征

区块链技术具有去中心化、不可篡改、开放透明、机器自治等重要特征，以此可以解决交易过程中的信任和安全问题。

1. 去中心化

区块链基于 P2P 模式，采用分布式计算和存储，没有中央部署的软硬件系统，不依赖于中心化、层级化的人为管理机构，所有计算和存储节点的权利与义

---

① 陈勇. 支付方式与支付技术 从实物货币到比特币［M］. 长沙：湖南大学出版社，2018.
② 同上。

务都是一样的，系统的运行依靠分散的客户端节点共同参与和维护。

2. 不可篡改性

在传统的信息系统中，系统数据由特定维护人进行保管，数据篡改风险一般来自两个方向，即内部管理人员和外部黑客。内部管理人员一般通过制定完善的规则和制度来约束，外部黑客则通过购置各种安全设备以及设置各种系统安全规则来预防。而在区块链系统中，信息一经核验并存储至区块链，就会通过分布式节点永久保存起来，对单个客户端节点的数据修改是没有用的，除非对超过51%的客户端节点数据同时进行修改，因此区块链技术可以保障数据不被篡改。

3. 开放透明

区块链的开放透明主要体现在以下两个层面：一是整个系统的代码是开源的，每个人都可以提取阅读其逻辑原理；二是整个系统的数据和接口对所有人公开，任何人都可以通过公开接口查看区块链数据（交易双方的个人私有信息是加密的），并在此基础上进行二次开发，整个系统是完全开放透明的。

4. 机器自治和匿名性

区块链节点之间的数据交换遵循一套公开透明的算法，所有客户端节点之间可以在信任的环境下开展数据的交换，程序会自动判定不合法的交易活动，并作为无效数据而自动丢弃，数据交换完全靠整个客户端节点自治完成。整个交易过程不需要人的信用等级，完全依靠对机器的信任，人为的干预活动不起任何作用，交易双方也无须亮明身份，完全可以在匿名的环境下进行。这样既保证了交易的可靠性和安全性，也可以保护交易双方的个人隐私。

（二）食品追溯系统的缺陷

食品安全事件频频发生的根本原因来自政府、生产者、消费者之间的信息不对称，导致交易双方信任发生问题，这也是食品安全的核心问题之一。通常认为食品追溯体系是解决信息不对称的关键手段。

目前，食品追溯系统还存在以下天然缺陷：依赖于统一的中央数据库，数据在存储、传输、展示等一些环节存在信息被篡改的可能；食品追溯系统在多个环节还处于人工作业状态，信息提供者可以选择性屏蔽对自己不利的信息；食品追溯系统应用水平依赖于政府监管措施的强弱，系统存在人为的操作空间，没有对监管者权利的有效约束；食品追溯系统无法实现生产者和消费者的隐私保护，尤其是生产者的各种信息被过度暴露。

（三）食品安全溯源体系引入区块链技术

食品安全溯源体系如果引入区块链技术，能够让互不相识、没有信任基础的人建立信任，低成本高效率地解决食品安全领域存在的信任难题。

（1）区块链的去中心化和不可篡改的特征，可保证现有食品追溯系统的数据可靠性，避免数据在存储、传输和展示环节被内部管理人员与外部黑客篡改。

（2）结合物联网和传感设备的进一步应用，食品产供销各个环节的数据完全依赖于机器采集和机器信任，而不被人为地选择性提供。

（3）因为开放透明和机器自治，消费者、生产者和政府监管部门对食品追溯系统中的数据完全信任，普及率越来越高，整个社会的系统应用水平大幅提高。

（4）因为匿名不再影响信任水平，生产者和消费者个人隐私信息可被匿名。当食品安全事故发生时，生产者和消费者的个人信息被保护，有效避免了群体性事件的发生和网络暴力的过度蔓延。

三、应用展望

随着物联网技术的进一步普及，所有物品将被信息化，在食品产供销的各个环节都能通过传感器进行非人工干预的智能信息登记，并通过网络和区块链技术记录到安全可信任的分布式数据库中。任何信息都是公开透明的，政府、生产者、消费者可以没有顾虑地轻松做到追溯查询，区块链作为一个底层技术，将作为新的互联网世界底层架构的核心发扬光大。目前研究机构一致认为，"区块链市场开始孕育，短期尚不具备大规模落地条件，关注上下游产业链和未来商业场景的落地"。区块链将会在物联网农业、农产品溯源、农村金融等6大领域运用，并推动产业发展。

（一）物联网

目前，制约农业物联网大面积推广的主要因素就是应用成本和维护成本高、性能差。而且，物联网是中心化管理，随着物联网设备的暴增，数据中心的基础设施投入与维护成本难以估量。

物联网和区块链的结合将使这些设备实现自我管理和维护，这就省去了以云端控制为中心的高昂的维护费用，降低了互联网设备的后期维护成本，有助于提升农业物联网的智能化和规模化水平。

（二）大数据

传统数据库的三大成就，即关系模型、事务处理、查询优化，数据库技术在不停发展。未来随着农业大数据采集体系的建立，如何以规模化的方式来解决数据的真实性和有效性，将是全社会面临的难题。

以区块链为代表的技术，对数据真实有效、不可伪造、无法篡改的这些要求，相对于现在的数据库来讲，是一个新的起点。

（三）质量安全追溯

农业产业化过程中，生产地和消费地距离远，消费者对生产者使用的农药、化肥以及运输、加工过程中使用的添加剂等信息根本无从了解，消费者对生产的信任度降低。

基于区块链技术的农产品追溯系统，所有的数据一旦记录到区块链账本上将不能被改动，依靠不对称加密和数学算法的先进科技从根本上消除了人为因素，使得信息更加透明。

（四）农村金融

农民贷款整体上比较难，主要原因是缺乏有效抵押物，归根到底就是缺乏信用抵押机制。区块链技术公开、不可篡改的属性，为去中心化的信任机制提供了可能。

当新型农业经营主体申请贷款时，需要提供相应的信用信息，这就需要依靠银行、保险或征信机构所记录的相应信息数据。但其中存在着信息不完整、数据不准确、使用成本高等问题，而区块链的用处在于依靠程序算法自动记录海量信息，并存储在区块链网络的每一台电脑上，信息透明、篡改难度高、使用成本低。因此，申请贷款时不再依赖银行、征信公司等中介机构提供信用证明，贷款机构通过调取区块链的相应信息数据即可。

（五）农业保险

农业保险品种少、覆盖范围低，经常会出现骗保事件。将区块链与农业保险结合之后，农业保险在农业知识产权保护和农业产权交易方面将有很大的提升空间，而且会极大地简化农业保险流程。

另外，因为智能合约是区块链的一个重要概念，所以将智能合约概念用到农业保险领域，会让农业保险赔付更加智能化。以前如果发生大的农业自然灾害，相应的理赔周期会比较长。将智能合约用到区块链之后，一旦检测到农业灾害，就会自动启动赔付流程，这样赔付效率更高。

（六）供应链

区块链技术有助于提升供应链管理效率。由于数据在交易各方之间公开透明，从而在整个供应链条上形成一个完整且流畅的信息流，这可确保参与各方及时发现供应链系统运行过程中存在的问题，并针对性地找到解决问题的方法，进而提升供应链管理的整体效率。

区块链技术可以避免供应链纠纷。其所具有的数据不可篡改和时间戳的存在性证明的特质能很好地运用于解决供应链体系内各参与主体之间的纠纷，实现轻松举证与追责。

区块链技术可以用于产品防伪。数据不可篡改与交易可追溯两大特性相结合，可根除供应链内产品流转过程中的假冒伪劣问题。

第三节　物联网环境下农产品信用体系构建

一、提高认识

提高认识能切实增强推进农产品质量安全信用体系建设的紧迫性和使命感。民以食为天，食以安为先，农产品是食品的源头，其质量安全备受社会关注。党中央、国务院一直高度重视，习近平在 2021 年的中央农村工作会议上，强调了保障农产品质量和食品安全的极端重要性。推进农产品质量安全信用体系建设，是强化农产品质量安全监管的重要措施，也是保障人民群众身体健康、促进农业持续健康发展的迫切需要，有利于提高农业生产经营主体的责任意识、诚信意识和自律意识，有利于发挥市场调控作用，有利于提升农产品质量安全监管效能。

近几年来，农业农村部按照社会信用体系建设部际联席会议的统一部署，强化农业投入品和农产品生产经营主体诚信管理，加强制度建设，引导行业自律，强化诚信监督，开展诚信示范，取得了积极进展。但是，当前我国农产品质量安全信用体系还不健全，一些生产经营者诚信意识淡薄，制假售假、违规使用投入品、非法添加使用禁用物质等问题仍然比较突出，严重损害了广大人民群众的切身利益，打击了消费者的消费信心，也削弱了我国农产品在国际市场上的竞争力。近年来发生的一系列农产品质量安全事件，都暴露出农产品质量安全信用缺失问题。加快我国农产品质量安全信用体系建设步伐具有重大而深远的现实意义，势在必行。

在新的历史条件下，各级农业部门要充分认识做好农产品质量安全信用体系建设工作的紧迫性和使命感，要从全局高度理性认识开展这项工作的重要意义，做好组织、指导、协调和保障工作，积极推进农产品质量安全信用体系建设。

二、突出重点

突出重点是明确农产品质量安全信用体系建设的思路和主要任务。今后一段时期，农业部门推进农产品质量安全信用体系建设的总体思路是：认真贯彻党的十九大和《社会信用体系建设规划纲要（2014－2020）》精神，以信息系统建设和信息记录共享为基础，以农业投入品和农产品生产经营企业、农民专业合作社、种养大户为重点，以建立守信激励和失信惩戒机制为核心，强化生产经营主体诚信自律，营造诚信守法的良好社会氛围，全面提升农产品质量安全诚信意识和信用水平。

（一）深入推进信用信息系统建设

信息化建设是信用体系发展的基础性工程。当前，农业领域信息化建设取得了瞩目成效，但是在农产品质量安全信用体系信息系统建设上，还存在资源分散、信息不健全等问题。国家层面上，要依托农业领域各行业的信息化工程，以数据标准化和应用标准化为原则，进一步充实完善相关信用信息，实现信用记录电子化存储，推进行业间信用信息互联互通，提高主体信用信息的透明度。各级农业部门要在当地政府的统一领导下，利用现有的农业信息化项目，完善、整合农产品质量安全信用信息，与本地统一的信用信息共享平台加强数据对接，及时传送农产品质量安全信用信息，加快构建信用信息共享机制。

（二）完善行业信用信息记录

各级农业部门要把行政处罚、行政许可和监管情况作为信用信息的重点内容，实行信用信息动态管理，专人记录，及时更新，保证采集的信用信息的真实性和及时性，提升信息的严肃性和权威性。要依法做好农产品质量安全领域的征信工作，及时公布农资生产经营主体及产品的审批、撤销、注销、吊销等有关信息。鼓励和指导第三方征信机构、行业协会依法开展征信工作。要在保护商业秘密、数据及时准确的前提下，加强与食品、药品、工商、质监、税务、知识产权、商务流通等行业的信用信息互通和交换共享，实现多部门信息联享、信用联评、奖惩联动，逐步形成主体全覆盖的信用信息网络。

（三）强化企业和行业的诚信责任

各级农业部门要督促生产经营主体落实诚信责任，强化自律意识，实行质量安全承诺制度，深入开展农资打假专项治理行动和农产品质量安全专项整治，坚决打击失信行为，积极树立行业诚信风尚。农业投入品和农产品生产经营主体要强化诚信守法意识，严格遵守农产品质量安全相关法律法规，依法建立生产记录和进销货台账，实行索证索票制度，规范生产经营行为，提高自我约束能力，杜绝使用禁用农兽药和非法添加物，严格执行农兽药休药间隔期，建立内部职工诚信考核与评价制度。行业协会要把诚信建设内容纳入组织章程，制定行业自律规则并监督会员遵守，加强会员诚信宣传教育和培训，在会员自愿的基础上，通过各种方式征集会员的信用信息，积极开展非营利性的信用等级评价。

（四）完善信用体系运行机制

制度是开展信用体系建设的基础，没有完善的制度作为支撑，信用体系建设就会成为无源之水、无本之木。各级农业部门围绕信用信息采集、动态管理、失信黑名单披露、市场禁入和退出、失信行为有奖举报、多部门跨地区信用联合奖惩等内容，完善规章制度，逐步实现信用体系运行规范化。及时公开信用信息，按照客观、真实、准确的原则，依法披露相对人违法失信和依法守信等重要信息。严格执行《农业行政处罚案件信息公开办法》，依法公开行政处罚案件信息，方便社会查询。建立褒扬守信、惩戒失信的奖惩机制，对诚信守法的生产经营主体实行奖励激励措施，对其在申请信贷、政策咨询、技术服务等方面提供各种帮助和指导。支持和鼓励有实力、信誉好的名优农资企业、农资专业合作组织直接到乡村设立经营网点，提高其市场占有率。树立诚实守信的先进典型，提高其社会声誉，形成品牌效应。同时，要建立"黑名单"制度和市场退出机制，对失信主体实行重点监管，扩大产品抽检范围，提高抽检频次。对造成恶劣影响的重大失信违法行为，依法从严惩处，并向社会公开曝光，使其失信行为众所周知，以儆效尤。加强部门联动，让失信者一处失信，处处受阻，建立信用监督机制，鼓励广大人民群众通过政务微博、"12316"举报电话、电子信箱等渠道，监督举报失信违规行为。对媒体曝光的失信违规行为，要及时调查处理。

（五）努力营造诚信守法的良好氛围

各级农业部门要把诚信教育融入行业管理工作中，在核发许可证、日常监管等工作中强化对主体的诚信教育和宣传引导；充分利用阳光工程、农村实用人才培训、基层农业技术推广和其他专业培训等途径，加大诚信教育力度，引导农资和农产品生产经营主体树立企业诚信文化理念，提高管理者的诚信文化素质，形成以诚实守信为核心的质量安全文化；充分发挥电视、广播、报纸、网络等媒体的宣传引导作用，树立诚信典范，使全行业学有榜样、赶有目标；重点组织开展"放心农资下乡进村宣传周""3·15"消费者权益保护日、"12·4"全国法制宣传日等公益活动，突出诚信主题，努力营造"诚信光荣，失信可耻"的舆论氛围，让诚实守信的意识和观念深入人心。

三、落实责任

落实责任，为农产品质量安全信用体系建设提供有力保障。

一是强化组织保障。各级农业部门要高度重视农产品质量安全信用体系建设，强化组织领导，完善制度措施，加快推进本地区、本行业信用体系建设工作。要成立本地区的农产品质量安全信用体系建设推进工作小组，及时研究有关重大问题，指导、协调、推进本地区农产品质量安全信用体系建设工作，督促各项建设任务落实到位，确保信用体系建设顺利进行。

二是强化责任落实。各级农业部门要按照指导意见的总体目标和主要任务，根据职责分工和工作实际，制定具体落实方案，周密部署安排，确保任务落实到位。各地、各行业协会要定期对本地区、本行业信用体系建设情况进行总结和考核，及时发现问题并提出改进措施。农业农村部将对农产品质量安全信用体系建设成效突出的地区予以表扬，对推进不力、失信行为多发地区，予以通报。

三是加大支持力度。各级农业部门要积极争取本级人民政府对农产品质量安全信用体系建设的资金支持，形成稳定的财政投入渠道，确保农产品质量安全信用体系建设顺利进行。各行业协会在国家法律和政策允许的范围内，拓宽农产品质量安全信用体系建设的经费来源，扎实推进本行业信用体系建设工作。

四是推动创新示范。各级农业部门要根据本地区农业生产和发展实际，结合现代农业示范区、农产品质量安全示范县等各类示范、试点项目，把农产品质量安全信用体系建设作为重要内容纳入考核指标和评价体系，积极探索有效的推进模式，充分发挥示范带动作用，整体提升农产品质量安全信用水平。

第五章　农产品供应链信息技术

供应链管理是建立在信息共享基础之上的运行系统，它离不开信息的采集、存储、传输和加工处理，因此，有效的供应链管理也就离不开信息技术系统提供的可靠支持。它有效地推动了供应链管理的发展，减少了在复杂、重复工作中的人为错误，提高了供应链管理的运行效率。本章将具体阐述条形码技术、射频识别技术、地理信息系统（GIS）技术、全球定位系统（GPS）技术、电子数据交换（EDI）技术等信息技术在供应链管理中的应用。

第一节　供应链管理中应用的信息技术

在现代社会中，信息已成为企业生存和发展的最重要资源。为了在激烈的市场竞争中获得更有利的竞争地位，实现企业的经营目标，必须通过信息的采集、存储、加工处理以及不断传递，一方面进行纵向的上下信息传递，把不同层次的经济行为协调起来；另一方面进行横向的信息传递，把各部门、各岗位的经济行为协调起来，通过信息技术处理，对企业人、财、物和产、供、销之间的复杂关系进行统一集成和调动。在一个由网络信息系统组成的信息社会里，各种各样的企业在发展过程中相互依赖，形成了一个社会化协作的供应链系统。企业通过网络从内外两个信息系统源中收集、处理和传播信息，捕捉最能给企业创造价值的经营方式和技术方法，建立面向企业供应链管理的新型信息技术系统。

一、供应链管理中的信息技术

信息是强化供应链竞争能力的一个主要因素，供应链管理的效率取决于各成员之间和各个环节的协调运行，而协调运行的基础又依赖于信息的共享和信息技术的应用。为了实现供应链管理中的信息共享，需要考虑以下四个方面的问题：一是为系统功能和结构建立统一的业务标准；二是对信息系统设计并建立连续的检测方法；三是实现供应商和用户之间的信息集成；四是运用合适的信息技术和方法，提高供应链管理系统运作的可靠性，降低运行成本，确保信息要求与目标业务一致。

信息技术在供应链管理中有着广泛的应用。其中信息技术在供应链管理中的应用可以从两个方面理解：一是信息技术对供应链管理的作用，如互联网、电子数据交换（EDI）技术；二是信息技术本身所发挥的作用，如异步传输模式（Asynchronous Transfer Mode，ATM）、光纤、多媒体、图像处理和专家系统。

信息技术应用于供应链管理涉及产品、财务、销售、服务等多个方面。EDI是供应链管理的主要信息手段之一，特别是在国际贸易中有大量文件传输的条件下。它是计算机与计算机之间的相关业务数据的交换工具，它有统一的标准以使交换成为可能。典型的数据交换是传向供应商的订单。EDI的应用较为复杂，其费用也较昂贵，不过最新开发的软件包、远程通信技术使EDI更为通用。利用EDI能清除职能部门之间的障碍，使信息在不同职能部门之间通畅、可靠地流通，能有效减少低效工作和非增值业务。同时可以通过EDI快速地获得信息，更好地进行通信联系、交流和更好地为用户提供服务。射频技术（RF）常用于物料跟踪、运载工具和货架识别等要求非接触数据采集和交换的场合；地理信息系统（GIS）常用于供应链和物流分析，如车辆路线、网络物流、分配集合、设施定位等；全球定位系统（GPS）常用于货物跟踪；条形码技术常用于商业零售、图书馆、仓储管理与物流跟踪、质量追溯管理、数据自动录入等[①]。

二、信息技术对供应链管理的作用及影响

信息技术的应用在很大程度上影响了供应链管理概念的产生和发展，没有高速发展的信息技术，供应链管理就根本不可能实施。

（1）信息技术促进了新的供应链管理组织的建立，只有建立以流程为基础的新的供应链组织，才能实现有效的供应链管理，不论是虚拟企业，还是动态协作、业务联网，都需要信息技术的支持。信息管理对于任何供应链管理都是必需的，而不仅是针对复杂的供应链。在供应链成员企业之间传输数据信息通常有手工、半自动化、自动化三种方式。利用EDI信息技术可以快速获得信息，提供更好的用户服务，并适时加强客户联系，提高供应链企业运行状况的跟踪能力，提高供应链管理体系的整体竞争优势。

（2）信息技术加强了企业内外的竞争力与资源的集成，而这种集成恰恰是供应链组织所需要的。集成强调对人和资源进行调整和再调整，集成的过程是资源网络化的过程，以便对具体的机会采取决定性的行动。供应链管理中的信息通常有两大类：一类是供应链各节点间的信息，另一类是各节点企业内部的信息。而对企业内部的信息又分为三级，即作业级、战术级、战略级。世界每天发生成千上万的交易，而每一笔交易都伴随着信息流、物流和资金流的发生。信息技术的应用使得供应链上的合作伙伴能够及时得到这些信息，以便对产品进行发送、跟

---

① （美）迈克尔·胡格斯. 供应链管理精要 原书第2版 [M]. 北京：中国物资出版社，2010.

踪、分拣、接收、提货、存储等实时操作，这些都离不开信息的集成。

（3）信息技术支撑着供应链管理运作的所有方面，包括地理上分散的流程、团体的网络化和渠道策略与运作集成。网络化的信息技术促进了供应链管理信息技术时代的到来，它的发展与全球信息网络的兴起息息相关，使全球的经济、文化连接在了一起。任何一个新的发现、新的产品、新的概念都可以立即通过互联网等先进的信息技术手段传遍世界。经济国际化趋势的日渐显著使得信息网络、信息产业发展更加迅速，使各行业的产业结构和社会管理体系发生深刻变化，从而更进一步促进供应链管理信息化的发展。

（4）供应链管理强调信息共享，而信息共享又依赖于飞速发展的信息技术。现代信息技术是一个内容十分广泛的技术体系，它包括微电子技术、光电子技术、磁电子技术、通信技术、网络技术、控制技术、显示技术等。随着信息技术的不断发展与应用，大量信息的采集与传递、共享数据库成为开放系统的基础，不仅在企业内部，而且在企业之间，甚至整个供应链中都可以实现信息共享。

（5）供应链管理是一个全面管理的概念，通过企业内部以及联盟企业之间的业务职能的结合，形成统一的供应链系统。为了保证供应链上的各个企业能像一个企业内部的不同部门一样主动、默契地协调工作，必须实现供应链的同步化运作。因此，要求供应链成员企业利用网络技术将信息系统连接起来，使成员企业内部的应用软件与外部客户和供应商的应用软件进行连接，实现信息及时共享、全面管理，从而达到实时快速的业务处理和决策。

（6）供应链管理系统通过计划时区来平衡需求与供应，同时发现供应链上已发生的问题，及时提供实时响应。如安全库存水平是多少？是最低成本计划吗？使用的资源已经优化了吗？计划满足客户服务的要求吗？利润是最大化吗？可以承诺什么，不可以承诺什么等。

（7）供应链企业经营生产失败的主要原因包括内部的不稳定性和供应的不稳定性。供应链管理鼓励供应商去寻求减少供应链总成本的方法，与供应商共享利益。在传统供应链中，各个成员不愿意与其合作伙伴分享自己的商业信息和运营信息，从而使得整个供应链运作效率降低、库存成本增加，对市场和需求反应迟钝，而信息技术应用中的供应链则有效地减少了运作成本和失败。

第二节　农产品供应链管理中应用的信息技术

一、电子数据交换

电子数据交换（Electronic Data Interchange，EDI）技术是指商业贸易伙伴

之间，将按标准、协议规范化和格式化的经济信息，通过电子数据网络，在单位的计算机系统之间进行自动交换和处理，俗称"无纸交易"。EDI是电子商业贸易的一种工具，将商业文件如订单、发票、货运单、报关单和进出口许可证按照统一规定的标准格式，通过通信网络传输，在不同企业的计算机系统之间进行数据交换和自动处理[①]。EDI通讯主要采用增值网（Value Added Network，VAN）方式，VAN是指通过利用（一般是租用）通信公司的通信线路，连接分布在不同地点的计算机终端形成的信息传递交换网络。EDI的目的是通过企业间的信息传递交换网络，实现票据处理、数据加工等事务作业的自动化、省力化、及时化和正确化，同时通过有关信息（如销售信息、库存信息）的共享，实现经营活动的效率化。EDI的主要功能表现在电子数据传输和交换、传输数据的存储、文书数据标准格式的转换、安全保密、提供技术咨询服务、提供信息增值服务等方面。

EDI最初由美国企业应用在企业间的采购业务活动中，其后EDI的应用范围从采购业务向其他业务扩展，如销售终端（Point of Sale，POS）销售信息传送业务、库存管理业务、发货送货信息和支付信息的传送业务等。它的特点是：①它是在企业如制造商、供应商、物流公司和银行等单位之间传输商业数据文件的一种技术；②不同于电子邮件或传真，传输的数据采用格式化的标准文件形式并具有格式检验功能；③数据一般是通过增值网和专用网来传输的，具有相当的安全保密功能；④数据从计算机到计算机自动传输，不需要人工介入操作。

构成EDI的三个基本要素如下：

（1）通信网络

EDI通信主要采用增值网（VAN）的方式，可利用公用电话交换网（PSTN）、分组交换网（PSPDN）、综合业务数字网（ISDN）以及各种网络的广域网（WAN）、城域网（MAN）和局域网（LAN）来建立增值网络。通信网络是EDI实现的基础。

（2）基于计算机的应用系统

除了计算机硬件的支持作用外，EDI需要专门的软件支持，包括信息格式转换软件、翻译软件和通信软件。转换软件将计算机系统的文件转换成翻译软件能理解的中间文件，或反向操作；翻译软件将中间文件翻译成EDI标准格式，或反向操作；通信软件将要发送的EDI标准格式文件外层加上通信地址信息，送到EDI交换中心信箱或从信箱将需接收的文件取回，计算机应用系统能实现将EDI传递的单证等经济信息进行自动处理。

---

① 钟丽，吴星源，赖振辉主编. 物流信息技术［M］. 西安：陕西科学技术出版社，2020.

（3）EDI 标准是 EDI 实现的关键

因为 EDI 以商定的报文格式形式进行数据传输和信息交换，所以制定统一的 EDI 标准至关重要。EDI 报文必须按照国际标准进行格式化，目前，最广泛采用的 EDI 国际标准是联合国欧洲经济委员会（UNECE）下属第四工作组（WP4）于 1986 年制定的《用于行政管理、商业和运输的电子数据交换》标准——EDI-FACT（Eletronic Data Interchange for Administration，Commerce and Transport）标准。主要包括基础标准、代码标准、报文标准、单证标准、管理标准、应用标准、通信标准和安全保密标准等若干方面。

EDI 在物流中的运用主要是指产品供应商、物流企业及其他相关单位之间，通过 EDI 系统进行物流数据交换，并以此为基础实施物流作业活动。物流 EDI 的优点在于供应链参与各方基于标准化的信息格式和处理方法，通过 EDI 共同分享信息，提高流通效率，降低物流成本。例如，对于连锁门店来说，应用 EDI 系统可以大大降低进货作业的出错率，节省进货商品检验的时间和成本，迅速核对采购与到货数据，易于发现差错。

二、条形码技术

条形码技术（Bar Code Technology，BCT）是在计算机的应用实践中产生和发展起来的一种自动识别技术。它是为实现对信息的自动扫描而设计的。它是实现快速、准确而可靠地采集数据的有效手段。条形码技术的应用解决了数据录入和数据采集的瓶颈问题，为物流管理提供了有利的技术支持。

条形码是由一组规则的条空及对应字符组成的符号，用于表示一定的信息。条形码技术的核心内容是通过利用光电扫描设备识读这些条形码符号，来实现机器的自动识别，并快速、准确地把数据录入计算机进行数据处理，从而达到自动管理的目的。条形码技术的研究对象主要包括标准符号技术、自动识别技术、编码规则、印刷技术和应用系统设计五部分。

根据使用目的不同，可将条形码分为两种：商品条形码，是以直接向消费者销售的商品为对象、以单个商品为单位使用的条形码；物流条形码，是物流过程中的以商品为对象、以集合包装商品为单位使用的条形码。条形码的主要特点如下：

（1）简单且成本低。条形码的制作相对容易，扫描操作也比较简单，同时设备结构简单，成本低廉。

（2）采集的信息量大且快。利用条形码扫描，一次可以采集十几位字符的信息，而且可以通过选择不同码制的条形码来增加编码的长度，使录入的信息量成倍增加；另外，使用条形码扫描，其录入信息的速度是键盘录入的 20 倍。

（3）数据录入出错率低。采用条形码扫描录入，其误码率仅为百万分之一，甚至是光学字符识别技术的百分之一。

借助于条形码、POS 系统和 EDI 等现代技术手段，企业可以随时了解商品在供应链上的位置，即时作出反应。在欧美发达国家兴起的有效客户信息反馈、快速反应、自动连续补货等物流管理策略，都离不开条形码技术的应用[①]。条形码是实现 POS 系统、EDI 电子商务、供应链管理的技术基础，是提高结算效率、提高企业管理水平和竞争能力的重要技术手段。

条形码技术具有易操作、输入速度快、准确度高、可靠性强、信息量大、成本低等优点，因此发展十分迅速。在仅仅 40 年的时间里，它已广泛应用于交通运输业、商业贸易、生产制造业、仓储业等生产及流通领域，不仅在国际范围内为商品提供了一套完整的代码标识体系，而且为物流管理的各个环节提供了一种通用的语言符号。

三、全球定位系统

全球定位系统（Global Positioning System，GPS）最早是由美国军方在 20 世纪 70 年代初的"子午仪卫星导航定位"技术上发展起来的，是具有全球性、全能性（陆海空）、全天候性优势的导航定位、定时、测速系统。GPS 由三大子系统构成，即空间卫星系统、地面监控系统、信号接收系统。

GPS 在物流领域的应用主要体现在以下方面。

（1）货物跟踪。GPS 计算机信息管理系统可以通过 GPS 和计算机网络实时收集全路列车、机车、车辆、集装箱及所运货物的动态信息，实现对陆运、水运货物的跟踪管理。只要知道货车的车型、车号或船舶的编号就可以立即从铁路网或水运网中找到该货车或船舶，知道它们所处的位置，距离运输目的地的里程以及所有装运货物的信息。运用这项技术可以大大提高运营的精确性和透明度，为货主提供高质量的服务。

（2）与地理信息系统（GIS）结合解决物流配送。物流包括订单管理、运输、仓储、装卸、送递、报关、退货处理、信息服务及增值业务。全过程控制是物流管理的核心问题。供应商必须全面、准确、动态地把握散布在全国各个中转仓库、经销商、零售以及汽车、火车、飞机、轮船等各种运输环节之中的产品流动状况，并据此制订生产和销售计划，及时调整市场策略。因此对大型供应商而言，没有全过程的物流管理就谈不上建立有效的分销网络；对于大型连锁零售商而言，没有全过程的物流管理就谈不上建立供应配送体系；对于第三方物流服务

---

① 吴砚峰主编. 物流信息技术［M］. 北京：高等教育出版社，2020.

商、仓储物流中心，没有面向全过程的物流管理服务就很难争取到客户的物流业务；对于普通用户而言，没有快速、准确、安全、可靠的物流配送服务，网上采购几乎是不可想象的。

物流配送的过程主要是货物的空间位置转移的过程，在物流配送过程中，要涉及货物的运输、仓储、装卸、送达等业务环节，对各个环节涉及的问题如运输路线的选择、仓库位置的选择、仓库容量设置、合理装卸策略、运输车辆调度和投递路线选择等进行有效管理和决策分析，有助于物流配送企业有效地利用现有资源、降低消耗、提高效率。事实上，仔细分析上述各个环节存在的问题就可以发现，上面的问题都涉及地理要素和地理分布。凡是涉及地理分布的领域都可以应用 GIS 技术，GPS/GIS 技术是全过程物流管理中不可缺少的组成部分。

四、地理信息系统

地理信息系统（Geographic Information System，GIS）是在 20 世纪 60 年代开始迅速发展起来的地理学研究的新成果，是由地理学、计算机科学、测绘遥感学、城市科学、环境科学、信息科学、空间科学和管理科学融为一体的新兴学科[①]。GIS 系统以地理空间为基础，利用地理模型的分析方法及时提供多种空间、动态的地理信息，从而为有关经济决策服务。GIS 在物流领域应用，便于企业合理调配和使用各种资源，提高运营效率和经济效益[②]。GIS 的作用主要体现在以下方面：一是定位作用，如研究的对象位于何处？周围环境如何？研究对象相互之间的地理位置关系如何？二是条件问题，如有哪些地方符合某项事物（或业务）发生（或进行）所设定的特定经济地理条件。三是趋势，如研究对象或环境从某个时间起发生了什么样的变化？今后演变的趋势如何？四是模式，如研究对象的分布存在哪些空间模式？最后是模拟，如发生假设条件时，研究对象会发生哪些变化？引起怎样的结果？GIS 最明显的作用就是能够把数据以地图的方式表现出来，把空间要素和相应的属性信息组合起来就可以制作出各种类型的信息地图。

GIS 不仅是一种查询信息的方法，也是一种挖掘信息模式的技术。由于上述原因，越来越多的商业领域已把 GIS 作为一种信息查询和信息分析工具，GIS 技术本身也融入了这些商业领域的通用模型，因而 GIS 技术在各个商业领域的应用无论是在深度上还是在广度上都处于不断发展之中。事实上，GIS 技术可以应用在任何涉及地理分布的领域，其经济管理方面的应用潜力巨大，现在还未完全挖掘。

---

①　郭贵海，韩博. RS 与 GIS 原理及技术［M］. 北京：地质出版社，2017.

②　田劲松，薛华柱. GIS 空间分析理论与实践［M］. 北京：中国原子能出版社，2018.

GIS 在物流领域中的应用主要是指利用 GIS 强大的地理数据功能来完善物流分析技术，合理调整物流路线和流量，合理设置仓储设施，科学调配运力，提高物流业的效率。目前，已开发出了专门的物流分析软件用于物流分析。完整的 GIS 物流分析软件集成了车辆路线模型、最短路径模型、网络物流模型、分配集合模型和设施定位模型等。车辆路线模型用于研究解决在一个起始点、多个终点的货物运输中，如何降低物流作业费用，并保证服务质量的问题，包括决定使用多少车、每辆车的行驶路线等。网络物流模型用于解决寻求最有效的分配货物路径问题，也就是物流网点布局问题，如将货物从哪个仓库运到哪几个商店，每个商店都有固定的需求量，因此需要确定由哪个仓库提货给哪个商店，使得运输代价最小。分配集合模型可以根据各个要素的相似点把同一层上所有或部分要素分为几组，用以解决确定服务范围和销售市场范围等问题，如某一公司要设立 x 个分销点，要求这些分销点覆盖某一地区，而且要使每个分销点的顾客数目大致相等。设施定位模型用于确定一个或多个设施的位置，在物流系统中，仓库和运输线共同组成了物流网络，仓库处于网络的接点上，接点决定着线路，如何根据供求的实际需要并结合经济效益等原则，在既定区域设置仓库的数量，每个仓库的位置，每个仓库的规模以及仓库之间的物流关系，运用此模型均能很容易得到解决。

五、数据管理技术

在人类社会中，人们每时每刻都在接收着各方面的信息，决策自己的行动，以实现某种目标。过去，由于科学技术水平低，人们社会活动的广度和深度都比较小，仅靠人工处理信息，凭经验做出决策，就能够适应社会生活的需要。然而，随着科学技术的飞速发展和社会生产力的极大提高，人们进行信息交流的深度和广度不断增加，信息量急剧增长，传统的信息处理与决策方法已不能适应社会的需要。就需要一种更为现代化的电子设备辅助人们进行大量信息的处理工作，包括信息的采集、处理、存储、传输和利用等问题，而计算机技术和通信网络技术的突飞猛进为实现这种信息的管理提供了可能。但是怎样利用这些先进的技术来进行信息的管理呢？这就是数据管理技术的主要内容。

信息的载体是数据，信息通过数据来表征自己，但数据本身没有任何含义，只是一串抽象的符号。这里数据的意义并不限于数字，还包括文字、声音、图像、光信号、电信号及磁场的强弱等。信息的具体表现形式是数据，则信息的处理也就是数据的处理，再加之计算机是电子设备，不是人，它可以辅助人们进行大量的数据处理功能，而数据的解释决策功能只能由人来做。所以利用计算机技术来辅助人们进行信息处理，事实上就是数据处理。

数据处理就是把来自科学研究、生产实践和社会经济活动等领域中的原始数据，用一定的设备和手段，按一定的使用要求，加工成另一种形式的数据。一般数据处理的主要目的有三个：一是把数据转换成便于观察分析、传送或进一步处理的形式；二是从大量的原始数据中抽取、推导出对人们有价值的信息以作为行动和决策的依据；三是科学地保存和管理已经过处理（如校验、整理等）的大量数据，以便人们能方便而充分地利用这些宝贵的信息资源。由此可见，数据处理的实质就是为人们提供信息、进行决策服务的。

事实上，数据处理只是数据管理的一种技术手段。从一个实际应用中收集并抽取出所需要的大量数据之后，科学地组织这些数据并将其存储在计算机中，然后高效地处理、使用、维护这些存储在计算机中的数据，来完成各种各样需求的功能，这一整套管理的过程称为数据管理。简言之，数据管理是指如何对数据进行分类、组织、编码、存储、检索和维护等功能的整体。具体包括如下内容：

（1）数据收集。根据系统自身的需求和用户的需要收集相关的数据。

（2）数据编码。为了使收集的信息适用于计算机处理的形式，要设计各种代码来描述自然界中的各种实际数据。这种将实际数据采用代码表述的方法称为数据编码。

（3）数据的筛选、分组和排序。将收集到的数据按一定的标准进行筛选，选取对决策有用的信息，并对其进行一定的分组和排序。

（4）数据的组织。将具有某种逻辑关系的一批数据组织起来，按一定的存储表示方式配置在计算机的存储器中，目的是使计算机处理时能够减少时间、空间的浪费。

（5）数据的运算。指进行各种统计的算术运算和逻辑运算。

（6）数据存储。把数据定期或不定期地长期保存到其他外设上去，如磁带。

（7）数据检索。满足用户的各种查询请求，这是数据处理中的主要功能。

（8）数据输出。设计出满足用户需要的各种报表、单据等，并在相关介质上进行输出。

由此可见数据处理是数据管理的最基本内容，也是信息管理的主要功能。一般数据处理不涉及复杂的数学计算，但要求处理的数据量很大。针对大量数据的情况，数据管理任务非常繁重和复杂，因此需要一个通用、高效而又使用方便的管理软件，而数据库技术正是为这一目标研究、发展并完善起来的专门技术。

数据库是统一管理的相关数据的描述及其之间联系的描述，能为多用户共享，具有最小的数据冗余度且具有较高的数据独立性和较高的数据维护性[1]。数

---

[1] 马立和，高振娇，韩锋，董惠芝. 数据库高效优化 [M]. 北京：机械工业出版社，2020.

据库管理系统（Data Base Management System，DBMS）是管理和控制数据库访问的系统软件，它为用户或企业的应用程序提供对数据库的建立、查询、更新及各种数据控制。数据库管理系统总是基于某种数据模型，可以分为层次型、网状型、关系型和面向对象型、关系对象型等。目前，常用的数据库管理系统有 OR-ACLE、INFORMIX、SYBASE、SQL 等。

在物流信息系统开发过程中，数据库设计和网络系统是其基础部分，若基础设计有问题，如数据库设计得不合理或没有正确反映出组织信息流之间的关联关系等，则建立在它们上面的物流信息系统必然会有许多隐患。所以，一个物流信息系统是否能正确反映一个组织的信息流、总体目标和处理要求，关键之一是其数据管理的能力。

根据用户的需求分析设计一个数据库结构的过程称为数据库设计，也就是把给定的业务处理环境中存在的各种数据流、事务流和状态流等，按实际应用处理的要求，从感性认识抽象到信息模型直至抽象成已经选定的某个数据库的具体数据结构的过程，使得这一结构建立起既能反映现实世界中信息之间的联系、满足应用系统各个业务处理要求，又能被某个 DBMS 所接受、能够实现系统目标的系统。一般数据库开发从起始的需求分析、概念设计、逻辑设计、物理设计到系统的实施和维护是一个数据库建立的生命周期。物流信息系统开发过程的数据管理功能也遵循此过程。

六、多媒体技术

多媒体技术不是多种媒体技术的简单集合，而是以计算机为中心把处理多种媒体信息的技术集成在一起，是用来扩展人与计算机交互方式的多种技术的综合。多媒体技术是一种把声音、文字、图像、图形、动画和视频多种媒体的信息，通过计算机进行数字化加工处理，再与通信技术相结合形成的一门综合技术。它是综合的、跨学科的边缘交叉学科。简单地说，多媒体就是以计算机为核心联结并控制、运用文字、图形、影像、动画和声音等媒体的系统，它能使信息在不同界面流通，具有传输、转换及同步的功能。其主要特点是媒体综合而有机地形成一个整体，进行加工处理，再综合地表示出来，改善了信息的表达方式，增强了理解能力，把人们的各种感官有机地组合起来，以获取相关信息，从而吸引人的注意力，大大地改善了人机交互界面。多媒体计算机要求具有存储容量大、速度快、频带宽、实时性、能处理多种媒体的硬软件环境。近年来，计算机、通信和视频等相关技术的发展，为多媒体技术的发展提供了必要的技术手段。目前多媒体技术已经为人机之间的信息交流提供了全新的手段，包括高保真度的声音、二维和三维动画、活动影像等。

　　在传统的信息传递、处理活动中，人们主要通过静态的文字或用有声的语言来传递信息，但随着多媒体技术的发展，后来又增加了图画作为手段。随着商务处理活动中信息量的不断增大，同时又需要快速地、更好地理解一个新信息，这时，显然仅仅一维的语言文字信息是不够的，必须还有图像，最好是视频图像。一幅画胜过千言万语，它最直观、最能一目了然，而动态的视频图像和动画则更生动、更逼真、更接近客观世界的原形，更能反映事物的本质和内涵。也就是说，若能通过多种感官用多种信息形式向人提供信息，是最好的表达方式。多媒体技术正是具有这种能力的一种技术。多媒体技术在物流活动中的作用主要表现在以下方面：

　　（1）多媒体计算机的交互性有利于激发物流作业过程中的信息理解和认知主体作用的发挥。

　　（2）超文本功能可实现对物流信息如物流路径、车辆搭配、货物流量搭配等最有效的组织与管理。

　　（3）多媒体技术为物流分析活动中提供外部多角度、多层面的分析，有利于快速获取有效信息，辅助决策。

　　（4）多媒体技术可以提高信息获取的速度，起到正确判断的作用。

七、数据挖掘技术

　　数据挖掘是对大型数据库、数据构件库和其他大型信息资源中标志知识含义的类型自动或便捷的提取，也可以称为数据库中的知识发现（Knowledge Discovering Database，KDD），是从大量数据中提取出可信、新颖、有效并能被人理解的模式的高级处理过程。数据挖掘是一个跨学科的知识领域，汲取了数据库技术、人工智能、机器学习、神经网络、统计学、模式识别、知识库系统、知识获取、信息检索、高性能计算、数据可视化等方面的成果。

　　数据挖掘所能解决的典型商业问题包括数据库营销、客户群体划分、背景分析、交叉销售等市场分析行为，以及客户流失性分析、客户信用记分、欺诈发现等。

　　（一）数据挖掘的作用[①]

　　1. 数据总结

　　数据总结的目的是对数据进行浓缩，给出紧凑描述。数据挖掘主要是从数据泛化的角度来讨论数据总结。数据泛化是一种把数据库中的有关数据从低层次抽象到高层次的过程。

---

　　① 李继光，杨迪. 大数据背景下数据挖掘及处理分析［M］. 青岛：中国海洋大学出版社，2019.

2．分类

分类的目的是得出一个分类函数或分类模型（又称分类器），该模型能把数据库的数据项映射到给定类别中的某一个。

3．聚类

聚类是把一组个体按照相似性归类，即"物以类聚"。它的目的是使属于同一类别个体之间的距离尽可能地小，而不同类别个体间的距离尽可能地大。

4．关联规则

例如，在购买面包和黄油的顾客中，有90％的人同时也买了牛奶（面包＋黄油＋牛奶）。关联规则发现的思路还可以用于序列模式发现。用户在购买物品时，除了具有上述关联规律，还有时间或序列上的规律。

（二）数据挖掘的含义

数据挖掘是指一个完整的过程，该过程从大型数据库中挖掘先前未知的、有效的、可实用的信息，并使用这些信息做出决策或丰富知识。数据挖掘与传统分析工具不同的是数据挖掘使用的是基于发现的方法，运用模式匹配和其他算法决定数据之间的重要联系[1]。

数据挖掘与传统的数据分析（如查询、报表、联机应用分析）的本质区别在于数据挖掘是在没有明确假设的前提下去挖掘信息、发现知识。数据挖掘所得到的信息应具有先前未知、有效和实用三个特征。

先前未知的信息指该信息是预先未曾预料到的，即数据挖掘是要发现那些不能靠直觉发现的信息或知识，甚至是违背直觉的信息或知识，挖掘出的信息越是出乎意料，就可能越有价值。

信息的有效性要求挖掘前要对被挖掘的数据进行仔细检查，保证它们的有效性，才能保证挖掘出来的信息的有效性。从某种程度来讲，科学数据的有效性与其他数据相比往往是能得到保证的。

最为重要的是要求所得信息的可实用性，即这些信息或知识对于所讨论的业务或研究领域是有效的，是有实用价值和可以实现的。常识性的结论或竞争对手早已掌握的、无法实现的事实都是没有意义的。

（三）数据挖掘的过程

在数据挖掘中被研究的物流业务对象是整个过程的基础，它驱动了整个数据挖掘过程，也是检验最后结果和指引分析人员完成数据挖掘的依据和顾问。各个步骤是按一定顺序完成的，当然整个过程中还会存在步骤间的反馈。数据挖掘的过程并不是自动的，绝大多数的工作需要人工完成。

---

① 李继光，杨迪. 大数据背景下数据挖掘及处理分析［M］. 青岛：中国海洋大学出版社，2019.

一般数据挖掘过程中各步骤的大体内容如下：

（1）确定业务对象

清晰地定义出物流活动中的业务问题，认清商业银行数据挖掘的目的是数据挖掘的重要一步。挖掘的最后结构是不可预测的，但要探索的问题应是有预见的，为了数据挖掘而数据挖掘带有盲目性，是不会成功的。

（2）数据准备

利用物流信息系统中数据库中的数据及相关的其他信息数据。

（3）数据的选择

搜索所有与物流业务对象有关的内部和外部数据信息，并从中选择出适用于数据挖掘应用的数据。

（4）数据的预处理

研究数据的质量，为进一步的分析做准备，并确定将要进行的挖掘操作的类型。

（5）数据的转换

将数据转换成一个分析模型，这个分析模型是针对挖掘算法建立的。建立一个真正适合挖掘算法的分析模型是数据挖掘成功的关键。

（6）数据挖掘

对所得到的经过转换的数据进行挖掘。除了选择、完善合适的挖掘算法外，其余一切工作都能自动地完成。

（7）结果分析

解释并评估结果。其使用的分析方法一般应视数据挖掘操作而定，通常会用到可视化技术。

（8）知识的同化

将分析所得到的知识集成到物流业务信息系统的组织结构中去。

八、Web 技术

Web 技术是互联网提供的一种服务，是互联网应用最广泛的一种工具。具体地说，Web 技术是基于互联网、采用互联网协议的一种体系结构，通过它可以访问遍布于互联网主机上的链接文档。它的内容保存在 Web 服务器中，用户通过浏览器来访问，即浏览器/服务器结构。

（一）超媒体信息系统

Web 上的文档（网页）是一种超文本信息。所谓超文本就是用户在阅读文本信息时，可以从其中的一个文档跳到另一个文档，文档之间按非线性方式组织。不仅能连接到其他文本文件，还能连接到声音、图像和影视信号文件等超媒体信息。Web 浏览器的应用程序可以访问这些信息，如 Microsoft Internet Explorer 就是一个 Web 浏览器，它可以搜索、查看和下载互联网上的各种信息。"超文本"的加入使得 Web 很快成为一片能自由航行的信息海洋。

（二）分布式系统

超媒体文档可以存放在不同的 Web 站点上，通过超链接加以指向，使得物理上放置在不同位置上的信息在逻辑上一体化，Web 就是互联网上超媒体信息的集合。

（三）Web 网页的动态性和交互性

早期的 Web 网页大多是静态的，目前随着面向网络服务的语言如雨后春笋般涌现。如 JScript、VBScript 等描述语言，HTML、SGML、XML 等置标语言，特别是 Sun 公司发明的 Java 语言更是号称与平台无关。而微软也公布了它在 Visual Studio Net 软件包的开发工具 C♯（C sharp）语言。这些语言的出现开始引起编程方法的变化，如出现"面向构件"或"面向 Web 服务"的方法。这是新一代的程序设计方法，优点是大大提高了 Web 的动态性和交互性，提高了 Web 系统智能性、互操作性和灵活性，更能满足实际应用的需要。

Web 技术使得许多企业突破了传统的业务流程和运作模式，使厂家、商家和消费者通过互联网实现了开放式联结，不仅企业内部的各个环节，包括制造商、物流中介、顾客和银行等上下游合作伙伴，在业务上都能通过网络相互协调，直接沟通，共同转向以服务增值为中心的流通过程管理。同样，Web 技术也促进了以物流服务为核心的运输、配送、包装、加工等业务的发展。物流业是以顾客为中心的运营方式，顾客的需求是随时变化的，为适应这种快速变化的用户需求，必须以现代化的信息收集、分析手段为基础，基于 Web 技术的电子商务运用新的业务模式和信息技术手段可以有效地实现这个要求。

第六章　农产品供应链管理模式

第一节　各国农产品供应链简介

在经济发达国家，农产品批发市场一般都比较成熟，而且随着经济的不断发展，批发市场的运作机制或运行模式也发生着变化。一般当批发市场发展到一定程度以后就会出现不同的发展趋势。一种发展趋势是以美国为代表，主要表现为批发市场的部分功能被产销一体化组织所替代；另一种发展趋势的典型代表是日本，其标志是批发市场向拍卖市场发展。研究在不同条件下运用不同模式促进农产品物流市场繁荣发展的国际经验，对构建中国未来农产品物流市场运作模式具有十分重要的借鉴意义。

国外农产品供应链系统的主要特点是：企业通过供应链的管理为其自身的服务以及产品从质量、成本到性能、价格等多方面搭建了良好的合作平台，并且把这个平台由过去单向、被动的信息与知识的传递变为现在主动、多向的交流与深层次开发，使得企业互相提升了效率和竞争力；注重链节的协调，重新拓展企业的边界；向动态、多维的结构发展，供应链的整个体系更具有开拓性和灵活性。

一、欧美农产品供应链管理模式

(一) 欧盟的农产品直销制度

欧盟的农产品物流市场体系建设有一个发展演变的过程。建立之初的早期集散中心市场多位于自然地理位置优越，水路、铁路运输发达的城市。到了 20 世纪，位于大城市的终端批发市场的中心作用越来越小。通过产销一体化组织和产地收购市场等渠道的农副产品数量占到很大的比重，农产品直销得到较快发展。价格形成中心也相应由终端批发市场向产地收购市场转移，产地批发市场日渐萎缩。直接运销，就是由农民或农民团体，将生产的农产品包装处理后，直接运送到供应消费地零售业者（超级市场）或连锁零售业包装配送中心及消费大户，达到减少所有不必要的中间环节，降低运销价差，使生产者和消费者都受益的目的。这种运销模式是与其经济发展水平相适应的。农产品生产规模增大，零售单位的规模也增大，尤其是零售商店形成连锁经营或超级市场连锁网络发展，基于批发市场的研究在一定程度上解决了小生产和大流通的矛盾。同时，交通条件的进一步改善，通信手段达到较高水平，保鲜技术的进步和分级的标准化等也为农产品直销的发展创造了条件。

（二）美国农产品流通主要模式

美国农业自然资源丰富，农业经济自 19 世纪以来一直在市场经济中生存和发展，较早告别了传统农业和自然经济，是一个农业高度发达的国家。美国农产品生产高度专业化、区域化、规模化，农产品的销售遍布全球，其背后有高效、稳定的农产品供应链体系。美国农产品的主要流通特点是集中生产、分散供应。

美国农产品流通模式主要有以批发市场为核心的流通模式、农场主主导的"产销直挂"模式和超市主导的"直销模式"。美国农产品的生产区域化程度比较高，生产者都是集中在企业化生产的农场主，这些因素决定了美国农产品的生产地比较集中。美国农场主有能力和实力去寻找农产品的需求者，直接提供大批新鲜的农产品。据统计，美国农产品的销售集中在批发市场销售的不到 20％。美国农产品的流通模式更多的是通过农场主主导的"产销直挂"模式和超市主导的"直销模式"，其中超市主导的"直销模式"其实是"产销直挂"模式的一种。这两种模式的共同特点就是尽可能地减少流通的中间环节，使得生产商和终端商直接接触，减少流通费用。农超对接模式在美国的实施还是比较成功的，生产商和终端商在地位上是对等的，这与中国农产品销售有很大不同。

美国一体化的农产品供应链主要有三种模式。

1. 农产品产销公司

这种公司属于完全纵向一体化经营形式的联合企业，由大公司（商业资本或工业资本）直接投资兴办，形成产、供、销一条龙的经营企业。

2. 农产品"合同"联合体

它是私营公司，包括农产品集配商、加工包装商、大型零售集团购买机构、农产品运销公司等。与农产品生产者以合同形式结成的农产品产销经济联合体，属不完全纵向一体化经营形式，是美国最主要的农产品产、销联合经营形式。联合公司大都在农产品生产或收购之前与农产品生产者签订了购销合同，合同期内农产品由联合公司负责收购、加工、储藏、包装和销售。这些公司都有自己的加工厂和销售网，通过合同与农产品生产者建立长期稳定的联系，把农产品生产农场变成公司的单一生产"车间"。

3. "新一代"农民专业合作社组织模式

美国的合作社一直是该国农产品销售的重要渠道。据美国农业农村部统计，2005 年美国农业合作社共有 2896 个，会员 257.1 万人，超过美国农民数量（213 万人），有的农民同时参加了多个合作社[①]。20 世纪 80 年代，欧洲国家和亚太地区一些国家农产品的竞争带来美国农产品出口下降的问题，加上国内需求有限，

① 黄祖辉，梁巧，吴彬，鲍陈程. 农业合作社的模式与启示 美国荷兰和中国台湾的经验研究 [M]. 杭州：浙江大学出版社，2014.

美国农产品出现了相对供给过剩的状况，部分农业投资企业退出了农产品加工行业，农产品销售渠道出现了危机。为应对初级产品供给过剩、价格过低，甚至难以销售的局面，美国一些地方的农民合作社开始思考变革，在北达科他州和明尼苏达州等地，一些农场主联合起来，共同投资，在深入调查研究的基础上，选择可行的商业计划，进入农产品加工领域，开展农产品加工增值经营，这种以提高农产品附加值为目的的新型合作社被人们称为"新一代"合作社。传统合作社是将单个的农户联合起来，以集体的力量提高与上下游厂商谈判的能力，通过规模化采购生产资料降低生产成本，与下游企业合同销售产品，稳定农产品销售渠道，合作社扮演的是产品销售中介的角色。而"新一代"合作社通过延长产业链条，集传统合作社和农业投资企业功能于一体，从事农产品价值增值活动，通过赢利实现增收。"新一代"合作社将社员的利益与合作社经营紧紧捆绑在一起，参加合作社的社员转变为出资人和所有者。"新一代"合作社既是对传统合作社的改造，也是一种新型的农产品供应链合作组织，在新的农产品供应链组织中，合作社承担了核心企业的职能，以合作社为中心，将农产品生产、加工环节紧密地结合在一起，实现了供应链的后向一体化协作。

其主要经验是：①农工商一体化经营与完备的社会化服务体系，将农场生产与农业前部门和农业后部门有机地结合在一起，降低了市场风险，提高经营效益，提高专业化生产的稳定性和适应性。②农户往往就是农场主或农业企业家，作为独立运作的农业企业，不存在被欺负、被剥削的问题。③由于农场生产的产品量大，商品率很高，大量物流企业、代理商、加工商等进入到农产品供应链中，承担了农产品的加工、包装、运输、保管、装卸搬运、信息传递、销售等业务，同一条供应链中的成员大多采用"订单交易原则"，建立了较为稳固的关系。④将原先由独立企业从事的专业化生产的增值环节进行"内部化"，专门建立大型加工及配送中心，对农产品进行清洗、分类、深度加工、包装和配送等增值业务，同时通过在大型加工中心实施 HACCP 和 GMP 加工质量和卫生安全认证，来保证农产品的品质安全。

（三）荷兰拍卖合作社演化的新型供应链组织模式

在荷兰，一个多世纪以来，市场拍卖制一直是荷兰水果、蔬菜等农产品的主要销售机制，拍卖行是联结生产者和批发商、零售商的重要平台，绝大部分农产品都通过拍卖的方式销售，实现其商品价值。长期以来，拍卖制被认为是一种有效的农产品价格形成机制，大量的买方和卖方在瞬间达成交易，产品标准化，包装统一，交易过程透明，且价格有利于生产者。荷兰的拍卖合作社在 20 世纪中期发展达到了高峰，1945 年，荷兰的蔬菜、水果拍卖合作社达到 162 个之多，此后逐年下降。1965 年，荷兰的《拍卖法》取消后，拍卖合作社数量下降速度逐渐加快，尤其是 20 世纪 80 年代以来，受农产品出口量减少的影响，拍卖合作社发展进一步萎缩，到 2001 年只剩 6 家。面对拍卖销售渠道的衰退，荷兰的农产品生产者通过变革供应链组织关系，与下游批发商、零售商建立起新的有效协作机制，重新确立了荷兰农产品在世界农产品市场上的竞争优势。

新型荷兰农产品供应链组织形式主要有两种：一是一些规模较大的、富有开拓精神的种植者脱离原来的拍卖合作社，成立了新的种植者协会，建立私人品牌，包装和营销自己种植的各种蔬菜和水果，与下游批发商、零售商直接交易，形成具有专门的产品属性的供应链组织；二是为阻止更多的生产者脱离拍卖合作社，原有的拍卖合作社自身进行了合并重组，通过合并下游的批发商，增加了批发和营销的功能，改变过去单一销售平台的功能，使拍卖合作社向营销合作社转变[①]。如 1996 年成立的 Greenery，就是由 9 个拍卖合作社合并而成的，1998 年 Greenery 又收购了两家果蔬批发公司，成功地向下延伸至批发环节。目前，Greenery 有成员 1150 个，2008 年净利润达 8.7 亿欧元，成了欧洲果蔬类产品最大的供应商之一。

（四）法国公私治理结合的生产者团体供应链组织模式[②]

以"红色标签"认证为纽带的家禽业供应链组织是法国农业产业组织发展的特色之一。法国的家禽生产是以家禽联合会的形式进行的，每个联合会都有一个质量小组，质量小组由农业生产者、孵化场、屠宰厂、饲料厂的代表共同组成。20 世纪 60 年代早期，一些小的禽肉生产者团体发起了以"红色标签"为标志的认证行动，强调鸡肉的质量、口味和产品安全，通过放养生产减缓肉鸡的生长速度，提高鸡肉的风味，以区别于商品化肉鸡。"红色标签"认证程序是以质量小组为单位向全国质量标签认证委员会申请使用"红色标签"，在审查技术规范文件通过后，就允许质量小组在特定地区的特定食品标签上使用红色质量认证标志。"红色标签"产品的质量控制关键点涉及整个产品供应链，包括从育种、孵化、饲料供应到农场饲养以及产品运输、屠宰、商品化包装上市的全程监控。由于"红色标签"肉鸡在内在质量方面有别于工业化肉鸡，受到消费者的认可和欢迎。为提高产品溢价，许多家禽联合会建立了自己的私人品牌，上下游节点高度协调，进一步提高产品质量，树立独特的品牌形象，区别于其他"红色标签"产品，创造产品价值。如法国西北地区的市场领先者 Laue 牌产品，其所有的饲料厂、屠宰场、孵化场和种鸡来源都达到了 ISO9002 的标准，并以小农场、手艺人为品牌标志，塑造了纯朴、真诚、值得信任的品牌形象。有效的内部质量控制和外部品牌形象结合成功创造了产品发展空间，其产品溢价超出普通工业鸡肉一倍有余。"红色标签"产品供应链组织是一种平行型供应链网络，网络中的参与者有相近的权力和责任，采用正式的公共标准和私人标准，以及非正式的信任作为

---

① 黄祖辉，梁巧，吴彬，鲍陈程. 农业合作社的模式与启示 美国荷兰和中国台湾的经验研究［M］. 杭州：浙江大学出版社，2014.

② （法）马克·布洛赫. 法国农村史［M］. 北京：商务印书馆，2017.

网络的治理机制，彼此建立了相互依存的关系，形成了战略联盟。公私治理的"红色标签"产品供应链组织获得了成功。1992 年，该指标体系被欧盟认证系统正式认可并采纳；1994 年，法国以"红色标签"体系认证的高质量的禽肉已占据了超过 30％的市场份额；1998 年，这种成功的协作形式延伸到了猪肉、牛肉部门，并扩散到欧洲其他国家。

欧盟农业的发展与其高质量的农产品供应链管理系统是分不开的。他们的经验是：①欧盟政府的支持政策。政府把农业作为一个完整的产业来对待，包含了产品的生产、收购、加工、购买和销售的全部内容。②发达的农产品物流服务。欧盟的农产品和食品零售商对于送货时间、速度、产品的可靠性和质量提出的严格要求迫使零售商必须拿出完整的农产品和食品的供应系列。因此，他们在市场附近建立一个农产品和食品中转站，货物首先集中到这个中转站，然后在中转站进行配送。配送中心收到货物后，根据规范和要求，对农产品进行分类、调制、分割、包装和储藏，把农产品和食品及时运送到各个零售商手里。③先进的管理机制。欧盟的合作组织十分发达，各国都有农业合作社、农产品专门协会等机构，它们提供了与农产品产前、产中、产后相联系配套的分级、包装、加工、运输等服务，有些合作组织甚至在国外有自己的销售网络，大部分的农产品通过合作组织集中到批发市场，以公开拍卖等方式销售到国外市场。

二、东亚农产品供应链管理模式[①]

东亚农产品供应链管理模式是以日本为主，和欧美农产品供应链管理模式一个很大的不同就是小生产、大市场。

（一）日本农产品供应链管理模式[②]

与其他发达国家相比，日本实现农业现代化不是以土地的规模经营为基础的。日本农业于 20 世纪 80 年代取得了与美国相同的增长率，跨入高效农业国的行列，这一切都要归功于日本成功的农业产业链管理和农产品供应链管理。日本农产品流通过程所遵循的一个原则就是分散生产，集中供应。这很符合以日本为代表的亚洲国家的国情。

日本是世界农业合作组织最发达的国家之一，农业协作组织（以下简称农协）已经发展为日本规模最大、群众基础最广泛的合作组织，是农产品流通进程中重要的参与者和组织者。农协不仅利用自己的组织系统优势，也利用拥有保鲜、加工、包装、运输、信息网络等现代化物流的优势，将农民生产的农产品集中起来，进行统一销售，担当了生产者与批发商之间的产地中介。目前，日本农

---

①　农业农村部对外经济合作中心. 全球重点国家农业发展情况系列研究报告 亚洲 东南亚篇 马来西亚 2019 年［M］. 北京：中国农业出版社，2019.

②　丁俊发主编. 供应链国家战略［M］. 北京：中国铁道出版社，2018.

产品流通模式主要是以批发市场为核心的"市场内"流通和农产品直销模式。以批发市场为核心的"市场内"流通模式有很多中间环节，造成了很多成本上的浪费。日本农产品直销模式兴起于 20 世纪 90 年代，直销模式分为两种：一种是菜农主动去寻找农协的帮助，或者是成立一些自发的组织来把农产品直接销售给消费者，这种直销模式的实施使得农产品的价格节省了 20％～30％；另外一种就是一些大型的连锁超市直接寻找适合自己的农产品，由于中间省略了批发市场这一环节，直销的蔬菜零售价格比批发的蔬菜零售价格要便宜 15％左右。

日本农产品直销模式其主要经验包括：①农协作为农户的合作经济组织，是农产品供应链中的核心企业，供应链的主要收益通过农协回到了农户的手中。农协统一进行农产品分级、包装、加工，并负责农产品的国内流通，把千家万户分散的小农生产组织起来，带入国内外大市场。②为了提高农产品的附加值，使农产品销售过程合理化，日本建立了一批加工厂、预冷库、冷藏库、运输中心、地方批发市场、超级市场、商店等，并在全国大中城市的中央批发市场建立了分支机构。③在农产品销售包装上，日本也十分注重产后产品的品牌、品质、分级、包装等方面的问题，以适应市场化运作要求。根据农产品不同的类型、品质，有不同的分级标准，出售到市场的最终农产品都已经过包装，因而价格统一、包装精良、标签说明完整，给消费者提供了极大的消费便利。④日本发达的全国交通网、有效的保鲜设施、快速的信息处理网络为农产品供应链的协调管理创造了良好的条件。

日本农产品物流体制发展过程中最重要的是农产品批发市场拍卖制度。日本十分重视农产品批发市场的建设，把它作为关系到国计民生、社会福利的事业来建设与管理。大阪中央批发市场标榜的是"大阪市民的厨房"，东京都中央批发市场则号称是"1200 万市民的饮食生活的流通据点"。这种大型的中央批发市场全国共有 88 个，地方批发市场有 1500 多个。在日本，绝大多数生产者生产的农副产品是通过批发市场批发的，例如，87％的蔬菜，78％的水果，75％的水产品，87％的花卉，41.1％的牛肉。批发市场已成为日本保护生产者和消费者利益、促进农业生产、发展现代流通、满足生活需求、繁荣经济、稳定社会的重要基础。

日本农业和国民经济水平也很高，产销一体化的条件也基本具备，但是日本人多地少，人地关系相对紧张，其农业生产只能建立在小规模经营的基础上。因此，日本农业生产小规模与大流通的矛盾始终难以解决。在这种情况下，日本农产品市场向拍卖市场的方向发展，同样走出了一条节约交易时间和费用的高效农产品批发市场发展之路。

为了体现市场交易的"公开、公平、公正"原则，日本政府多次修改并完善了《批发市场法》并严格实施。例如，竞卖招标委托集中上市，批发商不能拒绝生产者的委托，销售的手续费也都有严格规定，如手续费所占比例分别为蔬菜

8.5％、水果 7％、水产品 5.5％、肉类 3.5％、花卉 9.5％等。此外，批发市场的建立和运行都有严格的法律依据。批发商的进货信用和集货能力直接关系到整个批发市场的运行；中间商是拍卖投标的竞买者，过少会产生垄断，操纵价格，过多又会造成过度竞争，交易混乱，所以批发商和中间商都必须经过政府批准才能入场参加交易。政府对进入批发市场的企业资格和数量进行严格的审批和控制，保证了交易依法进行，避免了出现农贸市场常见的少数菜霸欺行霸市、操纵价格、菜多时无人要、菜少时价格飞涨，直接损害生产者和消费者利益的情况。

日本蔬菜供应链经营的一体化程度是比较高的，农协在其中发挥了主体作用。

日本蔬菜从生产到消费一般要经过五个阶段，即生产—上市—批发—零售—消费。生产由分散的农户完成。上市由农户个人将蔬菜直接运进批发市场上市交易或由农协组织蔬菜进批发市场上市交易。在批发市场实施蔬菜交易时，日本的做法基本上是"货动人不动"，高价蔬菜（如网纹瓜、松蘑等）则采取现货拍卖。但是，日本蔬菜的这种"生产商—中央批发市场—地方批发市场—中间商批发市场—零售商—消费者"的供应链模式经历的环节比较多，因而耗费的成本高、时间长，也容易引起蔬菜损耗。近年来，日本也兴起了一些蔬菜直销模式，即蔬菜直接从生产者到消费者手中，不过这种模式所占比例非常小。鉴于人们越来越关注蔬菜的安全性，以超市作为蔬菜供应终端的供应链也迅速发展。另外，集团加工企业在蔬菜的产加销一体化中也起到了相当重要的作用，这些企业通过合同将农民和企业联结在一起，农民生产出蔬菜以后将产品运往加工企业，加工企业进行加工和包装后再输送到市场上去。

（二）韩国国内蔬菜供应链一体化经营模式

韩国国内蔬菜供应链一体化经营模式主要是"生产者（农民）—农协—零售商"。这种模式自 1995 年中央和地方农协的建立开始形成，其特点在于：各级农协在适宜地区集中建立规模化的农产品生产基地，由农协按合同统一收购、销售，农协还对从生产到销售的各个环节起着监督和指导的作用，这样有利于降低农民的风险，减少中间环节从而节约成本。在这种模式下农民收入增加了10％～15％，而产品价格下降了 10％～15％。在整个蔬菜供应体系中，韩国非常注重规范化和科学化的蔬菜生产经营方式。为了将蔬菜供应链更好地延伸到国际市场，韩国引进尖端的物流系统和流通设备，借鉴先进的管理经验，以实现蔬菜供应的高速性和蔬菜的高品质。韩国蔬菜供应链的建设是根据其地理特点设计的，有利于在有限的空间内提供尽可能多的蔬菜，其传统的供应链环节太长，但近十年来开始出现了一些环节较短的模式。

日韩蔬菜供应链一体化经营的共同特点是农协在一体化经营中起着非常重要的作用。但是，日韩供应链涉及的环节比较多，其成本相对较高。美、澳以及欧洲一些发达国家的蔬菜供应链一体化经营程度普遍比发展中国家更高、更成熟。

这些国家的蔬菜供应链一体化经营与产销一体化和农工商一体化是密不可分的，他们不是从蔬菜的生产开始，而是从蔬菜生产资料的制造和供应开始，到蔬菜生产，再到蔬菜的加工、储运以及销售等，各个环节都是紧密连接在一起的，而不是分散地由一个环节到另一个环节。

（三）马来西亚农产品供应链管理模式①

马来西亚联邦农业销售局（Federal Agricultural Marketing Authority，FAMA）建立于 1965 年，隶属于马来西亚农业农村部，在监督、改善及协调马来西亚农产品的销售、配送等方面做出了很大的贡献。尤其从 2000 年起，FAMA 对蔬菜供应链的下游——超市和高级商店进行了大力扶持。一方面，农户受到鼓励，遵循相关的农业操作规范，其操作程序符合欧盟相关标准；另一方面，在农产品价格问题上，超市和农户事先达成协议，市场价格保持稳定，使得农户有足够的信心履行协议的规定。

从总体上看，马来西亚蔬菜供应链的终端逐渐由分散的零售商向统一规范的超市转移，联邦农业销售局在供应链有效运转的过程中起到了引导和监督的作用。这种政府机构的有效参与可以使超市避免过于繁杂的质量检验工作，同时也提高了消费者对蔬菜质量安全的信心。通过联邦农业销售局的积极运作，签约超市的数量也在逐年增加，这对稳定蔬菜价格也有一定的积极作用。从农户的角度来看，执行相关的农业操作规范，不但可以获取更多的、更稳定的蔬菜销售渠道，更重要的是，这一做法从源头上加强了蔬菜的安全性。当这些规范变成了习惯，对于增强本国消费者的购买信心和促进蔬菜出口，都是很有帮助的。

（四）泰国蔬菜供应链管理模式

泰国蔬菜供应链管理模式主要有三种：第一种是传统的菜农直接在市场销售；第二种是"菜农—中介组织—批发商—零售商—消费者"的供应链模式；第三种较之第二种，少了"批发商"和"零售商"这个环节。目前，第一种模式在市场中所占比例逐步减少，后两种模式占主导地位。而在这两种模式中，农业合作组织起到了非常重要的作用，这得益于泰国农业农村部对农业合作组织的大力支持。农业合作组织不仅为农民提供农资供应、市场服务，还协助政府推广农业技术经验，指导农民有计划、有组织地进行生产，避免了盲目性。泰国生鲜联合有限公司从签约农户手中将产品购进区域转变为处理中心，该中心将少量产品销售给区域市场、地方零售商和国内超市，将大部分产品交售给中央生鲜处理中心，然后销往欧盟和日本等地。

泰国蔬菜供应链对于我国的借鉴意义在于：①以大型公司领头推动蔬菜供应链的发展，可以使经营模式更加市场化；②供应链的各环节处于一体化而不是分

---

① 农业农村部对外经济合作中心. 全球重点国家农业发展情况系列研究报告 亚洲 东南亚篇 马来西亚 2019 年 [M]. 北京：中国农业出版社，2019.

散化的经营状态，这样有利于产品质量控制；③供应链相对比较短，便于节省时间和成本。

三、国外农产品供应链管理经验的借鉴作用

自 20 世纪 80 年代初供应链概念传入中国以来，供应链管理在中国诸多行业得到了大规模的快速发展，但是我国农产品供应链的发展才起步不久，还没有得到社会各界的高度重视，不管是农产品供应链所要求的硬件设施还是其管理理念，与发达国家相比还存在非常大的差距。在农产品供应链中，要有效地管理越来越多的产品或服务，就需要农产品供应链上、下游企业打破传统经营观念，再造供应链体系，实现供应链的一体化。尤其是我国加入世界贸易组织之后，相关的农业企业要想在今后的发展中立于不败之地，必须引入供应链管理体系，提高市场竞争力，抵御外来冲击。因此，我国须借鉴发达国家的成功经验，依照中国实际合理制定农产品供应链协调管理的战略及运作策略的政策、措施。同时，在经济全球化大趋势下，中国的农产品供应链的发展必须融入国际经济大循环，因而如何有效快速地发展我国农产品供应链管理是摆在我们面前的严峻课题。

（一）完善农产品市场体系建设

由于中国以小农户经营为主体，大量的农产品是通过集贸市场与批发市场以及由产地批发市场经过中间商到销地批发市场，再经过当地的流通环节，最后到消费者手里的。现在强调农产品供应链，就是要引导中国的农产品市场体系向现代化的方向迈进，这不仅是在理念上，更是在信息上、装备上，乃至在经营方式上，都要有根本性的改变。首先，要搞好农产品市场的储藏、加工基地设施建设，在农产品集中产销区，改建、扩建一批集散功能强、辐射范围广、信息主导型的农副产品批发市场和集贸市场。同时，充分发挥超市在大中型城市农产品流通中的作用，将独立的超市配送方式转变为连锁体系，并使用线性规划方法对农产品物流配送体系进行设计，使物流中心构建成本与配送成本之和最小，以提高供应链竞争力。此外，积极培育多元化农产品流通渠道，有计划、有步骤地建设农产品期货市场，品种选择上可以推出商品化程度高的大宗产品，交易方式上可以先发展长期合同，以稳定供求关系，规避风险，从而实现中国农产品供应链的健康、持续和高效的运行与发展。

（二）发展第三方物流

由于供应链的全球化发展，各个企业在能力及场地的限制、专门知识的缺少、劳动力问题、合并与兼并、新产品和市场、不断变化的顾客服务等方面的问题首先产生了对第三方物流的需求。第三方物流是指由物流劳务的供方、需方之外的第三方完成物流服务的物流运作方式，它能完善供应链的过程，具有长期性、联盟性、协作性、利益分享以及风险共担性等特征。

中国第三方物流企业规模较小，且仍以运输、仓储等基本物流业务为主，加

工、配送、定制服务等增值服务功能尚处在发展完善阶段。中国应借鉴国外经验，根据具体农产品供应链建立相应的物流链系统，进一步深化流通体制改革，通过农产品流通的社会化、集团化、现代化和规范化，建立以第三方物流企业为主导的社会化、专业化的农产品服务体系。一方面，积极培育大型第三方物流企业和企业集团，使之成为中国现代农产品物流产业发展的示范者和中小物流企业资源的整合者；另一方面，政府给予第三方物流企业必要的扶持和政策优惠，如在国家政策性资金扶持范围内，政府给予农产品物流企业一定的信贷支持、减免税收等。

（三）加快农产品供应链信息管理系统建设

信息共享是农产品供应链管理成功实施的关键，农产品供应链管理的每个部分或要素间的互动都是通过信息沟通来完成的。没有信息沟通，供应链管理的每个部分或要素就会是彼此孤立的、残缺的片段。在中国，农产品的生产大多分散在千家万户，这导致供给方面的信息常常很零散和不准确，与此同时，来自零售终端的需求信息也很难直接传达给分散的生产者。市场信息对农产品风险的影响主要表现在：农产品市场信息的公共性，导致信息供给的需求不足；信息不完全，导致生产决策风险；信息不对称，导致交易收益风险。要降低农产品风险，应高度重视农业信息的作用。信息技术对整个供应链管理能起到减少不确定性、降低"牛鞭效应"、加强供应链集成度、提高与市场的关联度、拓宽营销渠道、改变营销方式等作用。因此，必须加快农产品供应链信息化建设，以支持多层次、多目标的供应链集成化管理。

要实施有效的农产品供应链管理，必须改善农产品供应链的业务流程，然后再以较低的成本使这些流程自动化，以进一步降低供应链的成本，缩短供应链运作的时间。首先，应用计算机网络将生产、流通、消费各环节连接起来，通过电子数据交换（EDI）和时点销售信息（POS）实现数据的自动采集和交换，建立全国统一的农产品市场供求、交易及价格和食品安检等信息的收集、整理和发布制度及信息管理系统，达到整个供应链上的资源共享、信息共用。其次，将条码、电子标签 EDI、GPS、GIS 以及电子商务等技术集成起来，在供应链上建立一个高效的供应链集成系统，以确保产品能不断地由供应商流向最终用户。

（四）大力发展农产品供应链物流系统

物流活动的范围十分广泛，农产品物流包括农产品生产、收购、运输、储存、装卸、搬运、包装、配送、流通加工、分销、信息活动等一系列环节，并且在这一过程中实现了农产品价值增值和组织目标。农产品物流有四大特点：农产品物流量大；物流运作具有相对独立性；物流点多、面广；加工增值是农产品物流的重要内容。物流从表面上看是物的流动，实质上却是企业利润的流动，它可能是企业利润的源泉，也可能是吞噬企业利润的无底黑洞。对农业企业而言，物流也日益成为越来越重要的增值源泉。可见，发展农产品供应链物流系统，加强物流管理，具有十分重要的作用。

第二节 农产品供应链案例

案例 1 北京市食品配送中心的经营模式

北京市食品配送中心的前身是北京市禽类加工厂，占地面积 91332 平方米，固定资产 3541 万元，其中有 5740 平方米的食品分拣库和日储 5000 吨的食品冷库，具有生产、加工、整理、集中采购、综合配送的功能。食品配送中心开展副食品配送业务有着得天独厚的条件：①配送中心所属的北京市食品工贸集团总公司下辖 15 个市级专业批发和工业生产公司，70 多个生产厂，生产的商品包括蛋、酒、肉、菜、糖、酱、醋、茶等近 3000 种，这些商品都是日常生活所必需的，并且具有价低、流量大等特点，需要配送这种物流形式；②具有比较现代化的设施设备和多年的业务经验，并且已经形成比较稳定的供货渠道。

在具体运作上，分两步走：第一步，先解决已有业务联系的超市连锁店的配送，同时确定以系统外开办的超市连锁店为主要配送目标；第二步，把系统外包括粮食、百货、水产、杂品等生产厂家的大众化商品组织到配送系统内。

在制定和完善配送服务措施上，配送中心从以下四方面入手：①配送商品保持低价位；②拆整化零，对小型连锁店实施多品种小批量送货；③专人、专车、专点送货，并按商店要求将商品直接送至货架；④加强信息网络建设，重点投资开发计算机管理系统，提高配送规范化、科学化水平。

配送中心在提出建立配送网络的构思后，得到了众多厂家和商家的响应，特别是华都集团、王府井连锁总公司、天客隆、物美等，都愿意通过签约方式与配送中心合作，至 1997 年年底，已同 80 多个连锁总店及分店建立了商品配送业务关系，并对王府井、天客隆等大型连锁企业实施了总店订货、结算、配送至分店的配送方式。

案例 2 麦当劳以各个企业核心竞争力横向构筑的供应链网络

麦当劳在 116 个国家和地区开设了 25000 家餐厅，在每个国家都是本地化的企业。麦当劳在中国仅原材料每年的国内采购就达 10 亿元人民币，所用的原材料最初有一大部分从中国境外进口，现在 97％以上在本地采购。中国麦当劳的供应商所生产的食品半成品，还出口亚太地区，每年在中国购买的玩具达 13 亿个，一部分还出口到世界其他麦当劳市场。

麦当劳在中国建立了完善的供应链网络。先后建立了 52 间工厂，实际投资额近 1.65 亿元。麦当劳有一套久经考验的运转机制，其鸡、牛、生菜的生产，鸡（牛、猪、鱼）肉饼的加工，以及餐厅桌椅、厨房设备、专用招牌等分别有固定的供应链，有的已合作了 40 多年，麦当劳连锁店开到哪里，这些供应商就把厂建到哪里。麦当劳和各个供应链之间在财会、人事和管理上完全独立，各自向公司董事会负责。麦当劳只在品质监控方面对供应商提出严格的要求，没有任何利益上的关系。

麦当劳薯条受到严格的监控。1993年薯条主要供应链辛普劳在北京成立合资公司，年产量1万吨以上。早在1982年，麦当劳决定进入中国之前，便与辛普劳调查中国哪些土豆品种适合加工，引进选定的美国品种"夏波蒂"试种，同时引进美国先进的种植技术，标准统一到包括施肥、灌溉、行距、株距及试管育苗等方面。

美国可诺奈公司负担起向中国麦当劳餐厅提供高质量生菜条的工作，于1995年在北京建立了一家生菜条生产厂，并与昆明合资生产符合要求的生菜。1997年开始了广州项目，为了达到高标准要求，厂房设备和实验室设备几乎100%进口。

美国福喜公司与麦当劳有了40多年的亲密合作，1991年在河北成立独资企业，为麦当劳提供肉类产品及分发配送服务。福喜有一套完整的产品质量保证体系，每个工序均有标准的操作程序。比如生产过程，就采用统计工艺管理法；关键质量控制点，则采用现场控制图法。每种产品都有几十种质量控制指标，以确保食品的安全和高品质。

麦当劳专用面包则由美国怡斯宝特在北京和上海的公司提供，该公司平均日产24万个汉堡包。面粉供应公司、河北马利酵母公司都自愿参加了美国烘焙协会的标准检查，以确保生产状况和标准达到一定水平。

广州味可美食品公司由麦当劳美国供应商独家投资，1996年营运，专门为中国麦当劳提供西式调味料、酱料和雪糕配料等。中国麦当劳的两款特色食品——冷冻苹果派和菠萝派，则由美国百麦公司和中国北京南郊农场的合资企业生产，95%的原料在中国采购，小部分调味品从国外进口。

麦当劳的市场推广计划也出自专业的合作公司。总部设于美国的西门商业拓展公司，策划成效显著的市场推广计划，供应礼品、游戏、玩具、文具以及日用品。

案例3　花王川崎物流中心运用现代化手段建立的配送体系

花王的大型广域物流配送中心——"花王川崎物流中心（川崎UC）"，是花王构筑广域物流系统的第一阶段成果。它位于日本神奈川县川崎市（东扇岛），占地约为2.4×10^4平方米，自动仓库的储存量为100万箱（是花王川崎工厂的3倍）。川崎UC的一天出货量为6万箱，其中40%的小批量订货直接送到各零售店铺（包括东京都南部和神奈川县大约1万家店铺），其余60%用大型卡车，送至其他客户处。零售店的订货量分为零星商品和整箱两种，一般设有最小订货单位，按最小订货单位的倍数发货。

川崎UC实行一天两次接单，截止时间分别是每天12：00和17：00，要求在接单后的24小时内把商品送到客户手中。

1．入库、验收

大型卡车将商品运至物流中心一层的入库处，商品堆装在托盘上入库，同时由条形码读取品名、数量等信息。商品通过自动电梯运入二层、三层的自动仓库。这些程序都由计算机自动控制。

2．储存

商品储存在高层仓库里。高层仓库的货架高30米，一共有30列16段，每列长60米，仓库共拥有28800个货架，可储存100万箱的货物。

3．拣选和分货

根据计算机的指示，从高层货架以托盘为单位取出商品，进行拣选或分货。

4．集货

按照计算机指示的配送路线、配送时间、地点，将分好的商品，用传送带运至配货流水线上集中，按照配送的顺序进行相反的排列。

5．装货

将集货流水线上的商品，用流水线按照不同分店汇集后，将货装入集装箱，或是直接装入卡车。

6．配送

按照计算机处理安排的配送时间表用卡车在24小时内将商品送到目的地。对于配送范围内比较近的零售店，采用小型集装运货车接送至店内；如地区较远，则先在夜间通过大型集装箱运货车送到中转站，再由小型车在白天依次配送。

简单地说，就是根据零售店和销售公司的订货信息从高层货架自动将货物提出，通过分拣设备，在流水线上以箱为单位分拣完毕后，再由集货流水线将货物按照从各零售店发来的订单要求将货备齐，通过自动配送流水线装入集装箱或小型卡车。装货的顺序和配送线路的顺序正好相反，最先送至零售店的货物最后装入，这样卡车司机就可以按照预定的配送线路高效率地进行配送。

案例4　弗兰克集团对条形码、卫星网络和无线电频率扫描仪等信息技术的应用

零售领域已经认识到信息技术的好处，这在过去看来似乎是不可能的。弗兰克集团的苗圃和手工艺商店，是由290个家庭工厂、园艺商店和手工艺商店组成的零售连锁店，基地设于底特律、密歇根，现在越来越强有力地倡导高技术零售。

该公司实行了商品条形码以及卫星网络和无线电频率扫描两项通信技术。负责信息系统和配送的副总裁拉里·伯雷希说："我们投资以改善对顾客服务。"有将近95％的弗兰克集团的商品都用上了条形码。越来越多的家庭工厂和苗圃买主都供应条形码商品。为了平衡库存，弗兰克集团生产了内部使用的条形码标签，其中包括工厂使用的打结标签。

投资400万美元建设的卫星网络使弗兰克集团的商店直接与美国的VISA公

司连接起来，这解决了长期未能解决的长时间校验线路的问题，而用直接的连接把认可信用卡的时间从使用电话最高的 45 秒削减到只用 7 秒。不仅如此，进一步的好处是，省去了原来以电话为基础的认可过程中发生的中间费用，只需向卫星系统付费即可。新系统让公司总部得以控制电讯设备，将广告信息传递到所有商店的扬声器里，还可选择背景音乐以及控制各处的音量。

到 1992 年 7 月，弗兰克集团的商店全部安装使用广域谱广播技术的无线电频率网络。无线电频率网络为手提无线扫描仪开发了两项有价值的店内应用：核实价格和订货登录。过去，这两项工作都需要书面处理，会花费店员大量的工时。

核实价格是根据价格检查清单在标签上配价的工艺，过去是参考总价格单完成的，许多雇员宁可用手推车把产品推上销售点自动记录器上，在那里扫描价格，也不愿意使用清单。该项工艺水平是低效率的，并降低了价格检查的频率。现在，雇员仅需用手提无线扫描仪扫描某项产品的条形码，将显示屏上价格与标签上的价格做比较即可。新工艺提高了价格的精确性，节约了时间，使雇员有更多的时间为顾客服务。

订货登录的开发应用，目的也是要让雇员把精力集中在顾客服务上。弗兰克集团的每一个商店，都负责补充其基本的备货品目。额外数量的广告产品，由公司的销售人员负责。在过去，雇员每天要花费几个小时，记录数十种手工艺和工厂产品的存货记录。店员将扫描得到的现货数量与计算机生成的包含现货目标数量的货架标签相比，然后直接将必须补充的数量登录到扫描仪里。该订货数由备货处理器实时处理，然后送往公司总部做进一步处理。弗兰克集团估计，无线再订货应用技术已将备货补充所需总工时减少了 75％，零售店的备货状况也有了较大的提高。

弗兰克集团进一步开发了无线电频率网络的应用，手提无线扫描仪，被分阶段地应用于实际存货中。在公司的三个配送中心，扫描仪用于以下方面：

（1）以 EDI 的装船预告为基础，按 UCC128 航运集装箱编码收货入库；

（2）在销售经理巡视商店期间，向其提供有关订货数量、销售率、成本、零售数以及其他有关品目状况的关键信息；

（3）在轻便型现金登记器上，进行无线销售点应用，以处理路边销售和帐篷销售。

弗兰克集团的苗圃和手工艺商店，在创新和利用信息技术的基础上，向着一定的目标大规模地扩张业务。

案例 5　苏格兰格兰扁乡村食品集团的供应链管理

苏格兰格兰扁乡村食品集团单一农产品供应链管理畜牧养殖、生产加工和市场分销肉类制品包括几个阶段，从畜牧场开始，经过生产工厂加工，再到零售终端，每个环节都有一定的输入口，如果每个输入口都保持在一定的低成本状态下，最终零售终端就会提供低价格的肉类产品。在牲畜养殖阶段，当然是饲料的输入最为重要。在屠宰场和生产加工阶段，劳动力和设备却是最为重要的因素。同样在配送分销阶段，也非常依赖劳动力和设备。

伴随整个肉类供应链管理的是将肉制品送到消费者手中，关键输入环节是饲料、劳动力和资金（包括设备和金融资本）。整个供应链成本取决于饲养、生产、运输和存储这些肉制品的整个成本，因此畜牧场离屠宰场越近其运输成本也就越低，从而降低整个供应链成本。

苏格兰格兰扁乡村食品集团的供应链管理是单一管理，如牛肉供应链、猪肉供应链、羊肉供应链和鸡肉供应链。

在英国，牛肉供应链处在激烈的竞争环境下，只有约 30％的牛肉靠进口，而且对出口牛肉有着严格的限制政策，这就使得英国屠宰场的屠宰能力受到很大的限制。活畜大多通过拍卖市场进行交易，而且只占牛肉市场的 23％，多数牲畜被直接销往屠宰加工厂（价格取决于牲口的重量和质量）。同时零售市场（70％国内市场）被若干零售商控制（＞75％销售额）。成熟的零售商追求有竞争力的牛肉价格，满足专门市场需求的牛肉产品质量，连续性的供给能力，有效的供应链管理，同时在控制成本的基础上进行创新。

第七章 农产品供应链质量安全风险现状分析

第一节 我国农产品质量安全现状

20世纪90年代，我国农业发展在继续强调数量安全的同时，开始关注质量安全，提出了"两高一优"的农业发展战略。21世纪初提出"高产、优质、高效、生态、安全"的农业发展目标。为进一步确保农产品质量安全，2006年颁布了《农产品质量安全法》，2009年又颁布了《食品安全法》，2015年出台了修改后的《食品安全法》，2021年4月29日进行了第二次修正，有关农产品质量安全监管的法律保障体系正在逐步完善。农业农村部从2001年就开始建立农产品质量安全例行监测制度，首次将北京、天津、上海、深圳四个城市作为试点开展蔬菜农药残留、畜产品瘦肉精残留的监测，2002年监测扩展到畜产品磺胺类药物残留；2004年监测的对象中增加了水产品，对水产品中氯霉素污染开展定期监测；2006年又增加了水产品中孔雀石绿的监测。经过不断调整和完善，农产品质量安全例行监测的监测范围、监测品种和参数都显著增加，2012年实施的《农产品质量安全监测管理办法》又对例行监测的类型、范围等做了进一步的明确，2013年监测范围已经覆盖了全国31个省（区、市）的153个大、中型城市，监测对象也已经扩大到包括蔬菜、水果、茶叶、畜禽产品和水产品的103个品种。

2018年，农业农村部按季度组织开展了4次国家农产品质量安全例行监测（风险监测），监测范围进一步扩大，重点增加了农药和兽用抗生素等影响农产品质量安全水平的监测指标，监测参数由2017年的94项增加到2018年的122项，增幅29.8%，抽检总体合格率为97.5%（按照2017年同口径统计，抽检总体合格率为98.2%，同比上升0.3个百分点）。其中，蔬菜、水果、茶叶、畜禽产品和水产品抽检合格率分别为97.2%、96.0%、97.2%、98.6%和97.1%，畜产品"瘦肉精"抽检合格率为99.7%，农产品质量安全水平持续向好[①]。

2019年，各级农业农村部门坚持推进质量兴农、绿色兴农、品牌强农，推

---

① 数据来源：农业农村部新闻办公室关于农产品质量安全例行监测结果的有关公报、通报等。

动农产品质量安全水平继续保持稳中向好发展态势，全年农产品质量安全例行监测合格率达 97.4%[①]。农业农村部发布 2020 年全年国家农产品质量安全例行监测（风险监测）结果。监测数据显示，2020 年农产品例行监测合格率为 97.8%，同比上升 0.4 个百分点，全国农产品质量安全水平继续稳定向好[②]。

第二节　农产品供应链各环节质量安全风险因素

农产品供应链的整个链条上，种植、养殖、生产加工、市场流通等各环节都存在各种质量安全风险因素，各环节的质量安全风险都有可能导致农产品质量安全事件的发生。本节从农产品供应链视角出发，对供应链各个环节的质量安全风险现状及风险源进行系统分析。

一、农产品生产环节质量安全风险因素

在我国农产品生产环节，农产品质量安全隐患和制约因素仍比较多，主要体现在以下几个方面。

1. 产地环境污染

近年来我国城市化、工业化快速发展，经济持续快速增长，资源被高强度开发利用，人们的生活方式也在不断发生变化，种种因素导致了大量未经妥善处理的污水、固体废弃物、废气尾气等被任意排放，使得部分地区的农产品生产环境被大幅破坏，这是造成许多重大农产品质量安全事件发生的重要原因。产地环境污染主要包括水污染、空气污染和土壤污染等几个方面，工业废水、生活废水的大量排放，以及化肥、农药的超量使用，使得很多农产品产地水质受到污染；大气污染主要是烟尘、二氧化硫等，另外还有氧化物、氟化物等，都可能对农产品质量安全产生影响；土壤污染最为严重的就是重金属污染，主要是镉、铅、汞、铬等，土壤的重金属污染给农作物生长和农产品质量安全造成了巨大的影响，导致了如"镉大米"等一系列重大农产品质量安全事件的发生。更为严重的是，重金属所带来的污染是长期的甚至是不可逆的，对农产品质量安全和农业可持续发展已经构成严重而又长期的威胁。

2. 农业投入品污染

随着农业集约化程度不断提高，大量的化肥、农药、兽药等农用化学品被投入到农业生产中，在推动农产品产量高速增加的同时，也对农业产地环境和农产品质量安全产生了一系列的负面影响，主要表现在以下几个方面：

---

① 数据来源：农业农村部新闻办公室关于农产品质量安全例行监测结果的有关公报、通报等。

② 数据来源：农业农村部关于农产品质量安全例行监测结果的有关公报、通报等。

（1）化肥的过度投入和低效利用问题突出。我国农业生产中化肥的施用量呈现逐年递增的趋势，化肥的过量施用以及低效利用，对农业生态环境造成了很大的破坏，使得土壤结构变差，导致农产品中有害物质如硝酸盐、亚硝酸盐、重金属等残留超标，严重危害了农产品质量安全，降低了农业可持续发展的能力。

（2）农药的滥用严重影响了植物性农产品质量安全。虽然我国政府已明令禁止使用高毒、高残留或有致畸、致癌、致突变作用的农药，并要求严格执行农药安全使用标准和合理使用准则。但在实际的农产品生产过程中，使用违禁农药的行为屡禁不止，不执行农药安全使用标准而滥用农药的现象仍较为普遍。山东的"毒生姜"和"毒韭菜"、海南的"毒豇豆"等一次次化学农药滥用和残留问题的出现，使人们越来越对农产品质量安全失去信心。从近几年的农药施用情况来看，农药的施用量逐年增加。农产品生产过程中使用的农药有很大一部分流失到水、土和空气中，使得农产品中药物残留事件的发生次数不断增多。另外，我国农药生产企业 2010 年经农业农村部认可的就有 2400 多家，80% 以上是小企业，经营单位有 60 多万家，绝大多数都是小规模个体经营，还有一些商贩走村串户进行农药的销售，由于数量多、分布广，对农药的生产经营管理也存在一定困难。

（3）兽药、渔药和饲料添加剂的滥用严重影响动物性农产品的质量安全。在动物性食品的养殖过程中，需要用到兽药、渔药和饲料添加剂等。兽药、渔药的目的是预防或治疗畜禽、水产品的疫病，饲料添加剂是为了使动物、水产品加速生长繁殖，提高农业生产效率。这些兽药、渔药和饲料添加剂对提高畜牧业、水产养殖业产量有突出贡献，但同时也带来了一些药物残留、药物污染等问题。一般来说，造成药物残留的原因可能是擅自加大药物用量、不严格执行休药期、用药方法错误、使用违规违禁添加剂和药物等。同农药生产经营情况类似，兽药生产企业和经营单位也存在数量多、分布广等特点，质量参差不齐，加上养殖户缺乏科学的药物使用知识和安全意识，极易导致制假、售假和出现投入品滥用的现象，产生药物残留超标问题。

二、农产品加工环节质量安全风险现状

消费者生活水平的提高和生活方式的改变，不断促进食品工业的快速发展，产生了越来越多的加工食品，甚至包括一些原本不用加工处理的食品（比如生鲜农产品），现在也做一些简单的包装清洗等处理后再进行销售，使得农产品加工环节的质量安全管理控制变得越来越重要。农产品加工环节质量安全风险因素更多也更为复杂，主要有以下几点：

1. 加工条件不合格

不合格的原因主要有两个：一是企业生产条件落后。加工企业多数规模较小，生产能力较弱，缺乏安全食品的生产和检测能力，部分企业的生产车间或加

工场所卫生环境较差，除了饮料等对生产环境要求比较严格的食品外，很多食品都是在简陋的加工场所完成的，缺乏严格的卫生管理规范和保障措施。二是企业管理水平低下，食品安全意识较为薄弱。食品行业很多生产经营单位"小"而"散"，业主和从业人员食品安全意识淡薄，普遍缺乏维护食品安全的先进技术和观念，对工艺流程的控制许多都是依靠个人的经验和感觉，企业的内部管理也不够规范，缺少员工管理和培训或对设备维护不足，操作人员操作不规范或加工程序不当等现象时有发生，这些都是食品安全问题产生的重要原因。

2. 食品添加剂滥用现象严重

食品添加剂是食品工业必不可少的原料，目的是改善食品的色、香、味以及加工工艺的需要，但其使用是有着严格的限制和使用标准的。联合国粮食与农业组织（FAO）、联合国世界卫生组织（WHO）以及食品添加剂联合专家委员会（JECFA）等都对食品添加剂的安全性做出过规定或评价。科学合理地使用食品添加剂是没有危害的，但随意使用违禁添加剂、超量或超范围使用受限的添加剂等都会对食品安全和人体健康产生影响。如在肉制品加工过程中，有的食品生产厂家为了使肉色更为鲜艳，过量添加亚硝酸钠、硝酸钾等发色剂，还有为了延长食品保质期超量使用防腐剂等，都会危害肉制品的质量安全。

3. 违法违规行为多种多样

在食品市场失灵加上政府监管不力的背景下，出于对经济利益的追求，一些违法违规行为就会产生，主要有：为了降低成本购买和使用廉价不合格的食品原料，制造假冒伪劣食品；采用废料回收再利用，如对过期的月饼、元宵、牛奶等产品进行重新加工，或用陈化粮、病死猪肉作为原料加工食品，用甲醇勾兑白酒等；使用违禁添加剂或其他有毒有害的物质，如用甲醛（福尔马林）浸泡水产品、用苏丹红对辣椒制品染色等。违规违法生产加工行为等人源性因素是引发恶性食品安全事件的最主要因素。

三、农产品流通环节风险现状

农产品流通环节主要包括仓储运输和经营销售两部分，以下分别从这两个方面分析农产品流通过程中存在的质量安全风险。

1. 农产品仓储运输过程中的质量安全风险

农产品行业由于产品价值普遍较低，能够承受的物流成本有限，但其对质量安全的要求又较高，在仓储运输过程中容易遭受污染，因此对物流的要求也就比较高。我国农产品物流中先进技术如 RFID、GPS、低温制冷技术、智能化仓储和配送技术等的普及程度比较低，管理水平和运作效率也比较低下，严重影响了我国农产品供应链总体运作水平。不少农产品因为物流不及时而腐烂变质，也有很多农产品因为仓储运输过程中环境不适宜、操作不规范等造成食品的二次污染。从冷链物流现在的应用情况来看，与发达国家的差距比较明显，冷链设施设备严重不足，绝大部分水果蔬菜等都是用普通卡车运输，损耗非常严重；农产品的第三方冷链物流发展也比较滞后，相应的服务网络和信息技术应用都不完善，严重影响了农产品物流的在途质量、准确性和及时性，同时农产品冷链成本和农产品损耗程度都很高。

目前我国农产品流通多数是通过商贩收购并运输，商贩数量多、规模小、资金能力欠缺，无法承担冷链的高昂成本，所以很少有冷链运输。另外，由于大多数商贩没有专门的卫生保障措施，对卫生环境要求较高的农产品如牛奶等，经常出现卫生不达标的问题。而且，由于生鲜农产品存在市场需求波动较大、市场信息不及时等问题，往往造成农产品的积压，微生物污染情况较为严重。

随着农产品销售区域的不断扩大，农产品产地到销售场所之间的距离也越来越远，虽然加工和包装技术越来越先进，使得农产品保质期不断延长，但易腐农产品的腐败变质现象仍屡有发生。物流运输过程中的人员操作不规范、设备不卫生、环境温度不适宜等原因都可能引起农产品的污染，造成农产品质量安全问题。

2. 农产品销售过程中的质量安全风险

批发市场和农贸市场作为农产品的集散地和零售渠道，农产品质量安全问题也屡屡出现，如农药残留超标、假冒伪劣、注水肉等。除了一些大型的管理水平较高的农产品批发市场外，大多数市场食品安全检测能力较差，缺乏检测仪器、设备等，人员配备不足，检测人员的业务能力也有待提高。市场中从事农产品经营的从业人员有些文化程度不高、食品安全意识淡薄，为了追求不正当经济利益会产生一些违法违规的销售行为，而市场又欠缺有效的管理控制手段，给投机行为以可乘之机，这些都使得批发市场和农贸市场存在较严重的农产品质量安全隐患。超市销售的农产品大部分是无包装摆放，消费者可以随意触摸，容易引起交叉污染，产生生物性食品安全风险。另外，存在保质期的问题，由于信息更新不及时、管理不规范或为了追逐不正当经济利益等原因，某些超市会销售超过保质期的食品或将包装上的保质期进行篡改，超市对临期的食品应该有严格的控制，但目前一些超市在这方面的管理还不是很完善。

四、农产品消费环节风险现状

除了农产品种植/养殖、加工、流通各个环节累积的风险可能在这个环节爆发外，本环节还存在一些质量安全风险。消费环节包括餐饮业、食堂、家庭消费等，是食物中毒的高发环节。近几年来，政府监管部门采取了一些行之有效的办法，对控制消费环节食品安全风险起到了积极作用，但每年我国因各种因素导致的食物中毒事件仍然时有发生。近年来食物中毒人数和死亡人数均呈现波动性下降的趋势，这说明我国消费环节食品安全整体水平在不断提升，但仍存在导致食品安全水平不稳定的风险因素，形势仍较严峻。从食物中毒的原因来看，微生物性食物中毒的人数最多，大多是细菌性食物中毒，主要是由于食品加工或储存条件不合格而导致的食品污染等。化学性食物中毒包括亚硝酸盐、有机磷农药、剧毒鼠药及甲醇等，其中亚硝酸盐中毒的事件比较多，多以误食为主。有毒动植物食品中毒多因食用河豚、毒蘑菇、未煮熟的四季豆等食物居多。

从食物中毒死亡人数来看，食用有毒动植物及毒蘑菇导致中毒人数虽然远没有微生物性食物中毒人数多，但死亡人数所占比例最高，而且呈现反复波动的趋势，化学性食物中毒导致的死亡人数下降的趋势明显。

从食物中毒的场所来看，集体食堂是发生食物中毒人数最多的场所，主要是因为集体食堂用餐人数多、食品用量大，加上部分食堂管理不善，食品卫生安全职责履行不到位，食品采购、餐具消毒、加工储存等关键环节把关不严等原因导致的食物污染或变质、加工不当及交叉污染等。因此，餐饮企业和食堂等卫生环境不达标、经营资质不合格或供应劣质假冒食品等是消费环节主要风险因素之一。

从食物中毒死亡人数来看，整体上呈下降趋势，但波动较为频繁。家庭是食物中毒死亡人数最多的场所，中毒死亡的最主要原因是误食有毒动植物。家庭食物中毒多发生在偏远农村地区，主要由于农村群众缺少食品安全知识和相应的鉴别能力，加上一些农村地区偏远、医疗救治水平有限或救治不及时，死亡率也较高。

第三节　农产品供应链质量安全问题原因分析

一、生产管理模式落后，农户组织化程度较低

从生产体制上来讲，导致我国农产品质量安全出现问题的主要原因是农产品的生产方式落后。如当前我国菜区，除园艺场、出口蔬菜基地实行一定的组织管理外，80%菜区的生产体系是采取农户小规模分散经营方式，平均每户家庭仅有耕地 0.42 公顷。尤其是在中小城市，生产群体大，生产者素质和产品质量参差不齐，检测更是流于形式，造成我国蔬菜种植制度随意性大，蔬菜数量、品种及质量不确定，蔬菜质量安全难以整体把握。

另外，我国农户组织化程度较低，规范化和标准化的生产难度大。我国农民素质相对较低，食品安全防范意识薄弱，法治观念不强，所以在施肥用药问题上，大部分农民首要考虑的还是成本问题。加上农户对禁用农药的认识比较匮乏，在生产中为追求经济便宜、见效快，常常使用国家明文禁用的剧毒、高毒农药，如甲拌磷、甲胺磷和克百威等，致使农产品农药残留量严重超标进而导致食物中毒事件时有发生。另外，在防治病虫害技术上，我国农民文化素质偏低，又缺少必要的技术指导和培训，很多时候农民很难准确识别病虫的危害程度，多把

农药当作唯一最有效的防治措施。为了使去虫效果更明显，农民在喷洒农药时，经常不按照农药使用说明，随意加大使用量且不执行农药喷洒安全间隔期，致使农药残留超标问题严重，深切危害到我国人民的身体健康。

二、物流技术水平相对较低，运用范围有限

由于生鲜农产品具有易腐易坏的特征，因而在配送过程中必须要采取一定的保鲜措施，才能保证农产品质量合格地流入市场。但是，当前我国农产品的保鲜、储存和冷藏技术水平仍然较低，运载方式虽然在一些地区采用了冰保车（普通加冰）、机械保温车、箱式保温汽车等运输工具，但运用范围十分有限。我国仍然有很多集贸市场和批发市场大量采用肩挑、各种各样的人力车作为农产品运输工具，再加上许多农产品批发市场场内交易秩序混乱、卫生环境极差，这也给农产品质量带来了安全隐患。

三、未形成优质优价机制，高质量蔬菜缺乏竞争力

高质量农产品的生产成本往往要高于低质量农产品的生产成本，但是对于这两类农产品，消费者很难通过肉眼进行直观区分，加上目前市场准入制度的不健全、市场认证管理和竞争管理的缺位等原因，使得消费者对当前市场上的高质量农产品存在一定程度的不信任。当前高质量农产品市场的销售价值还不能正确体现优质优价，很多情况下，高质菜卖不过低质菜，因此，菜农和生产经营者对高质量农产品的生产经营仍然持观望态度，参与的积极性低。

四、供应链各主体间信息不共享、反馈不及时

信息是连接供应链各主体企业间的纽带和桥梁，是进行供应链各项管理决策的重要依据。目前，我国农产品供应链参与主体多，但信息系统和信息技术却仍不完善，缺乏信息的统一共享平台，缺少对信息流的控制，导致农产品供应链各环节企业间信息不畅。由于信息沟通不畅，信息准确性和及时性不够，难以实现农产品的精确配送，造成大量农产品的严重浪费和无效配送。另外，上游的菜农缺乏市场供应需求信息的获取方式，下游销售终端对于农产品质量信息的采集、分析、反馈也很迟钝，而且不准确，这在一定程度上纵容了低质量农产品在市场上的流通。

五、政府监管体制机制有待完善

1. 相关法律法规不健全，执法力度不严

我国于 2006 年 11 月出台了《农产品质量安全法》，该法律的出台使得农产品质量安全管理终于有了一部成形的、规范的法律体系，也代表着我国农产品质量管理水平得到了极大提高。然而整体来看，目前我国农产品质量安全管理方面

的法律体系还不够健全。在有关农产品质量安全管理的某些方面，我国相关法律法规还是比较滞后的甚至是缺失的。另外，我国目前农产品的市场准入制度仍不够完善，因此需要进一步完善相应的法律法规。

从现行法律来看，我国对于农产品质量安全违规问题的处罚是比较轻的，一般只承担民事赔偿责任。而在美国等发达国家，农产品质量安全的违法者不仅要承担对于受害者的民事赔偿责任，而且还要受到行政乃至刑事制裁。另外，对农产品农药残留量检测结果超标的农产品生产者，尚未制定出切实可行的处罚措施，造成我国农产品农药残留量超标问题长期得不到解决。更有甚者，出于地方保护主义和经济利益，很多执法部门与地方政府放任当地的假冒伪劣生产行为，出现执法者不执法、执法不力等问题。

2. 相关质量标准体系不够完善

目前，我国有关农产品的质量标准大约有 300 个，虽然数量多，但整体不够完善。首先，现行标准的层次性差，可操作性不强，国家标准、地方标准以及行业标准的立项准则雷同，没有明显的层次差异。其次，标准的配套性差，在农产品生产、加工和对其进行监督方面，缺乏技术根据。最后，现行标准的国际对接性差，与国际食品法典委员会（CAC）及欧盟、日本等发达国家和地区相比，我国已制定的农产品类的各个具体农药残留标准在数量上偏少，标准相对笼统，而不像发达国家具体到每个品种。

3. 检验检测体系相对落后

目前，我国农产品的质量安全检测工作主要靠政府机构强制进行，没有调动行业中介力量和生产者的自检意识。此外，相关的监测仪器、设备、资金投入等都难以满足当前质检工作的实际需要。第一，仪器设备陈旧老化。现有部级质检中心均是在科研、教学和技术推广等技术单位原有实验室的基础上建立的，仪器设备使用时间多数在 10 年以上，故障频繁发生，维修困难。第二，检测能力弱。我国农产品质检机构中有气质联用仪的不多，对于检测中出现超标问题的样品缺乏判定的手段。第三，检测人员素质亟待提高。目前的检测人员多是原筹建单位的科研和教学的技术人员，这些人员缺乏对质量、标准、检测工作的深入了解及相关培训。

4. 信息服务体系不完善，信息披露不透明

近年来我国政府加大了信息资源的建设，关于农产品安全方面的信息也得到了越来越多的重视。政府管理部门通过报纸、电视、电台、网络等渠道将食品质量问题和相关信息及时通报给各个相关利益主体（消费者、食品生产商、研究机构等），大大提升了产品质量安全信息的公开化程度。

尽管如此，我国目前的政府信息服务体系仍然不尽完善。一方面，我国缺乏与国内各个食品质量安全相关系统、国际相关组织以及食品贸易国的信息交流共享机制和网络体系；另一方面，虽然政府建立了公众了解和获取相关信息的权威

途径和渠道，但是相关质量安全信息的披露程序和结果不透明、不及时，公众只是被动地接收只言片语的事后信息，无法对整个过程进行监督和评论，不能及时全面地了解食品质量安全现状，因而导致他们的责任感和质量安全意识不强。另外，我国目前的信息工作服务对象主要是针对上级，专门针对基层农民、各类企业和大众消费者的信息服务体系相对缺乏，导致我国消费者对农产品质量安全管理的参与不足，积极性不高，这也是影响我国食品质量安全问题频发的重要原因之一。

第八章　物联网环境下的农产品供应链安全监管制度

第一节　国内外研究现状及我国相关法律法规

我国近年来频频发生的农产品质量安全问题，给人民的健康与财产造成了极大的损害，如何建立一个行之有效的农产品安全监管制度，是我国当前迫切需要解决的问题之一。通过借鉴国外比较成熟的农产品安全监管制度，再结合我国国情进行研究，提出物联网环境下的农产品供应链安全监管制度。

一、国内外研究现状

国外已建立起比较完善的农产品质量安全监管制度。美国的监管制度经历了四个过程：企业自由竞争、由乱到小治、小治到大治、完善规范。再加上国家农业农村部、国家药管部、环境保护署三大机构共同监管，九部法令限制，共同完成质量监管。日本监管制度的特点则是：（1）《食品安全法》和《卫生法》二法共同治理日本农产品；（2）日本对农产品有严格规范的标准；（3）先进完善的监测手段及明确的分工。欧盟的农产品监管制度主要为百分之百的产品可溯源以及对违规企业的零容忍。

中国的农产品安全监管制度不能一成不变地照搬国外的经验，中国学者对于符合中国国情的农产品安全监管制度建立的研究主要有三个人。符策认为，当前中国农产品质量鱼龙混杂，消费者买到质量差的产品也无从投诉及溯源，因此当前中国监管制度中的关键是完善有关法律体系，加强国际机构的监管，加强对农产品的溯源，对不合格农产品的来源严肃执法，监管制度需灵活且强力。贺明辉认为，其实我国对于农产品有完善的标准体系，但是市场经常不按照标准进行交易，所以造成当前市场的混乱，而政府很多时候又不能及时发现问题，令问题越发严重。张锋认为，当前我国农产品安全问题的根源是监管不力，所以我国监管制度应该致力于做好依法监管、科学监管、对风险有防范能力、可溯源的管理性四大方面。

已有研究的不足之处主要包括：（1）解决我国农产品安全的问题迫在眉睫，所以我国学者对此课题进行了不少研究，但这些研究只为监管制度的设立建设了一个大的框架，指明了大的研究方向，而没有完善的技术层面的支持，也尚未提及在细节方面应该如何处理。（2）在研究国外的农产品安全监管制度后，可以发现国外农产品安全监管制度对于农产品的每个安全指标都有非常明确的规定，如农产品表面残留的农药成分不得超过 x 毫克、农产品所含保鲜剂不得超过 x 毫克等，而我国恰恰缺少针对农产品安全的完善的指标体系，同时也缺乏相关的具体监控手段。

二、相关理论基础及国外的农产品安全监管制度

（一）农产品供应链安全管理理念

由于物联网技术能利用强大的 RFID 技术、GIS 技术、红外线感应器等实现收集信息、反馈信息、储存信息等功能，所以我国可基于物联网技术建立一个可行的农产品供应链安全监管系统[①]。

在供应链安全管理框架中：

（1）农产品供应链的所有环节中应该有属于环节本身的信息收集系统，且又能和整个大系统的信息终端相连。这样，在为生产者的工作提供便利的信息之余，还能把信息告知政府及监管部门，以方便对农产品安全的预警和日后对农产品安全信息的源头追溯，同时也能让信息库对消费者开放，让消费者得到不合格农产品的信息，有选择安全农产品的余地。

（2）我国传统农产品供应链信息共享度低的问题非常突出，经常造成上下游间存在严重的牛鞭效应。针对此情况，新的农产品供应链安全管理框架中应该有通畅的信息传递渠道，方便每个环节之间的信息传递。

（3）农产品供应链各环节应有自己的预警机制和溯源机制，在发生问题时，能有环节自身解决问题的空间。在问题不能靠环节自身调节能力解决时，再由政府机关或监管机构介入，对有质量安全问题的农产品进行追溯。两种预警机制相互修补、相互加强，形成一个有统一质量标准和评价的完整体系。

最后，农产品供应链各环节应有自身的监管机制以及供应链整体系统的大监管制度。在农产品供应链的消费行为中自觉消除违法行为，实现全过程无缝监管。

（二）国外农产品安全监管制度[②]

1. 美国农产品质量安全监管制度

美国农产品质量安全由两大法律——《食品、药品法》《肉类制品监督法》，加上三大机构——农业农村部、国家食品监督管理局、环境保护署共同管理，总

---

① 谭锋，徐扬. 生鲜果蔬供应链中的食品安全管理与微生物危害控制［M］. 北京：科学技术文献出版社，2016.

② 姚堃. 农产品现代流通体系发展研究［M］. 长春：吉林人民出版社，2017.

统亲自主持。

2. 日本农产品质量安全监管制度①

日本农产品质量安全由两大法律——《食品卫生法》《食品安全法》，加上食品安全委员会监督，结合 JAS 规格制度进行管理。

3. 欧盟农产品质量安全监管制度②

欧盟农产品质量安全监管体系由欧盟农产品监管机构与欧洲委员会、欧盟各国主要的生产力量组成。大量欧盟的法律作为欧盟监管制度的法律基础，支持农产品管理的实行。

三、我国相关法律法规

(一)《中华人民共和国农产品质量安全法》③

此法为农产品的质量安全提供了鉴别标准，规范了生产农产品时农药、化肥、兽药、农用薄膜等工业品的用量，禁止倾倒有毒有害物质，禁止排放有毒气体、液体；规范了记录屠宰、收获、捕捞的具体日期；定义了包装农产品时保鲜剂、防腐剂等化学品的限用剂量，严禁贩卖违反规定的农产品，明确了监管机构的监督责任，并定义了违反规定后应负的法律责任。

此法为物联网建立农产品质量安全标准提供了准确标准，并在利用物联网技术建立农产品供应链信息平台时能记录下所需数据。

(二) 现代农业生产关系及生产力发展规律④

1. 从生产关系角度研究

研究农业中的相关经济问题、农业资源问题、扩大再生产等问题，为农业科学建立符合实际的经济制度和管理制度提供依据。

2. 从生产力角度研究

研究农业生产力的四大特点，分析现代农业生产力内部因素，阐明我国当前农业水平和将来农业发展之路，以寻求最符合我国国情与合理利用农业资源的方法和途径。

(三) HACCP 认证法

HACCP 表示危害分析的临界控制点。它确保了食品在消费的生产、加工、

---

① 冷凯君，傅翰祺. "供应链" 遇上 "物联网" 农产品供应链的管理与优化 [M]. 长春：东北师范大学出版社，2018.

② 同上。

③ 中国法制出版社. 中华人民共和国农产品质量安全法 最新修订 2018 版 [M]. 北京：中国法制出版社，2018.

④ 于冰沁，孙贝烈主编；张鹏，安颖蔚，王建忠，等副主编. 农业生产力与自然力 [M]. 沈阳：东北大学出版社，2014.

制造、准备和食用等过程中的安全，在危害识别、评价和控制方面是一种科学、合理和系统的方法。HACCP 可识别食品生产过程中可能发生的环节，并采取适当的控制措施防止危害的发生。

（四）农产品质量安全监管制度中的政府职能

现代农业中的政府职能是运用经济手段、法律手段、行政手段，以市场调节为基础、宏观目标与微观目标相统一为原则实现经济职能、社会管理职能、公共服务职能、宏观调控职能。

（五）农产品储存运输保鲜技术

影响农产品储存运输的三大外部因素是湿度、温度、气体，四大内部因素是 H_2O、CO_2 化合物、有机酸、含氮物质。

（六）柠檬市场[①]

柠檬市场效应是指在市场各方信息不对称的情况下，好的商品会遭受淘汰，而劣等品反而会逐渐占领市场，从而取代好的商品。因此，柠檬市场有另一个名称——次品市场，即在市场中，产品的卖方有比买方更多的信息。

第二节　农产品安全监管制度的技术保证

我国若要完善农产品安全监管制度，将物联网技术覆盖农产品供应链全过程是必需的，这是农产品安全监管制度实施的基础。

一、物联网覆盖农产品供应链生产环节

为了让消费者吃到更安全健康的食品，农产品生产环节是应着重把关的环节，因为这是农产品供应链的开端和根本。

（1）在农作物生产过程中，在生产地点设置大量的传感器节点，为农民提供精准的环境温度、湿度、光、CO_2 浓度等种植信息，农民需要做的只是在控制室里进行操作、监控，而非传统种植全凭感觉进行浇水、施肥等的工作。

（2）利用物联网技术为生产出来的农产品进行自动标识，并生成 RFID 标签，记录农产品的静态属性和动态属性。RFID 标签对物体属性进行读取后，将信息转换成适合网络传输的格式，再利用高效快捷的激光条码扫描器进行读取。农产品 RFID 标签的自动生成技术可以为农产品在各环节中的信息传递打好基础。

（3）传感器及 RFID 标签记录的信息将共同储存在信息处理中心，利用网络进行通信，为信息公开共享、物体间的相互通信的实现提供可能，也为农产品的

---

① 苏绍均. 柠檬与千里马 透过期望效用推翻柠檬市场理论［M］. 台中：白象文化事业有限公司，2012.

溯源及对问题的问责提供技术基础。物联网技术覆盖农产品供应链生产环节的流程如图 8-1 所示。

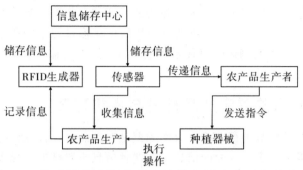

图 8-1　物联网技术覆盖农产品供应链生产环节的流程

二、物联网覆盖农产品供应链加工环节

我国农产品加工环节尚存在不少问题，如原材料利用率低，农产品浅加工多、深加工少等问题，但近年来最困扰消费者的问题是加工过程中存在食品添加剂、防腐剂、保鲜剂等化学品过量添加或者滥用化学品的情况，如湖南汞大米等。《中华人民共和国农产品质量安全法》对农产品的加工建立了一套健全的农产品质量安全标准体系。如何让企业在加工过程中遵守我国制定的安全标准，一方面是企业自身对生产过程的严格要求，另一方面是监管部门对企业的监督。此过程可利用物联网技术来实现。

（1）读取生产环节中生成的 RFID 标签，记录产品信息，准备相应的加工程序，并记录上一环节的信息传递至信息处理中心。

（2）在加工过程中，严格按照我国相关法律法规的要求，利用传感器等设备严格控制化学品的添加，并设置监控设备对生产过程进行全程监控，完整的制作过程以及添加材料的信息将记录到信息处理中心。

（3）在农产品加工完成后，更新 RFID 标签，加入有关加工环节中农产品的相关信息。

三、物联网覆盖农产品供应链流通环节

农产品供应链流通环节分两部分：仓储部分和运输部分。

在仓储部分中，应用农业经济学储运理论分析，可知农产品质量发生问题的主要原因是温度、湿度、气体三个方面。因此，物联网技术的应用是当农产品到达仓库后，在 RFID 标签中记录入库时间及货物信息；在储存过程中运用多种传感器监测仓库环境中关于温度、湿度、仓库气体的三种数据，并实时传输到仓管人员处，仓管人员对仓库环境或者货物位置进行调整，并利用监控设备观测仓储全过程；最后出库时在 RFID 标签中新增出库时间，并检测是否在存储过程中对

农产品有任何的化学品添加或者农产品是否维持原状态。

在运输部分中，农产品质量安全问题通常是因为在运送过程中保存条件不合格造成变质或者未在规定时间内完成运送造成变质。物联网技术的应用是在运输前记录 RFID 标签信息；运用传感器感知货物在运输过程中的质量状况及储存环境，并利用 GIS 技术监测运输路线是否偏差过大；在运输完成后对质量无问题的货物记录 RFID 信息。

四、物联网覆盖农产品批发与零售环节

在农产品批发环节中存在的最大问题就是农产品市场存在柠檬效应，即农产品卖家拥有比买家更多更全面的信息。在两者信息不对称的情况下，农产品买家只愿意提供低价来购买质量低的产品，卖家不愿意提供高质量的产品，导致市场充斥着低劣质量的产品。例如，湖南汞大米事件就是在信息不能全面共享的情况下，广东买家不愿意提供高价格购买产品，只能得到质量低下的汞大米产品。即使农产品买家愿意提供高价格购买高质量的农产品，但是同样在市场信息不全面的情况下，买家的信息无法传递给卖家，因此买家只能退而求其次购买低价格的产品，而质量好的产品反而滞销。

物联网技术的应用可以为解决这个问题提供可能性，由于在生产、加工、流通环节中，农产品带有相关的 RFID 标签，上面记载了相关的农产品信息。当农产品处于生产、加工、流通环节时，买家就可以通过物联网技术中的信息储存与处理中心了解农产品的信息，再运用先进的云计算技术以及超级计算机的大量数据分析进行可行的生意决策。在买家决定好后，无论农产品处于哪个环节，均可以下订单购买，避免传统批发市场上买家信息薄弱的情况。

在农产品零售环节中，存在的问题是如何避免农产品在货架上的变质以及卖家篡改农产品信息。物联网技术为此问题提供了解决的可能性：利用传感器对货架上的农产品进行监测并记录，超过特定值时发送信息到后台并发出警报；同时消费者可以通过农产品上的 RFID 标签向信息储存与处理中心了解农产品的生产过程及所含物质，也可以了解卖家是否隐瞒了产品信息。

五、物联网为农产品安全监管提供信息流通渠道

在农产品的供应链环节中，RFID 标签不只是前文所描述的供应链上下环节之间的信息链接，还是供应链所有环节之间的信息链接。在生产环节，农产品生产完成后自动生成的 RFID 标签中带有农产品生产过程、添加化肥剂量、添加农药剂量、受到过哪些自然影响等信息。这些信息将录入信息储存与处理中心，供应链环节中的所有后续环节均可以在信息中心查询到；到达加工环节后，RFID标签会更新农产品接受了何种工序加工的信息，添加剂及化学品的信息均更新到其中，而生产环节及流通、批发、零售环节的人员均可以从信息中心查询到农产

品当前的状态及属性信息。在流通环节中，当前的信息也会更新到 RFID 标签中，其他环节都可以在信息中心查询到，RFID 标签的信息并不是单纯的只能在上下环节中传递，RFID 标签在农产品供应链中的信息交流如图 8-2 所示。

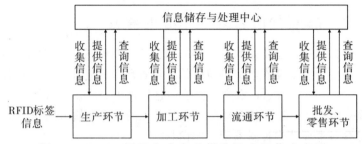

图 8-2　RFID 标签在农产品供应链中的信息交流

　　当农产品处于供应链某个环节时，负责向信息储存与处理中心传递信息的是大量的传感器及监控设备。例如，当农产品在加工环节时，传感器将加工工序及添加物品信息传送到企业后台数据库及信息中心，监控设备保存生产过程的录像，其他环节的企业都可以运用先进的云计算技术以及超级计算机的大量数据分析，在信息处理中心查询到这些信息。若其他环节的企业对农产品有其他的要求，可直接向当前环节提出要求；而当前环节的企业在功能实行过程中碰到问题时，也可以向其他环节的企业询问，以寻求解决方法。

　　在国外，当企业有足够的资金时，可以建立与供应链其他环节相连接的信息数据库，并利用物联网技术为企业提供大量准确的信息，把握市场动向以及农产品质量安全。我国国情与发达国家有所不同，市场中的一部分农产品企业并没有足够的资金来建立属于企业自身的数据库，或者农产品企业还没有对物联网技术有清楚的认识，所以并不打算将物联网技术运用到自己的农产品中。建立一个全面的信息储存与处理数据库中心对于企业来说有各种各样的限制，但是对于政府及行业机构，它的建立就非常重要。当政府或行业机构也有与市场全面衔接并实时监控的物联网信息数据库时，就可以发挥应有的作用，同时为将来对农产品的预警和安全问题的溯源、安全问题责任的追责建立好的基础。

　　（1）当政府拥有信息数据库后，可以根据市场信息，运用先进的云计算技术以及超级计算机的大量数据分析以及经济手段、法律手段、行政手段，以市场调节为基础、宏观目标与微观目标相统一为原则实现经济职能、社会管理职能、公共服务职能、宏观调控职能。

　　（2）当行业机构，如农业科技机构、农业市场机构拥有了自身的信息数据库处理中心后，可以实现指导粮食、果蔬等主要农产品生产，负责农作物的多种病虫害防治和动物疫病防控研究，依法开展饲料添加剂的许可及监督管理等机构职能。

　　（3）同时，政府及行业机构可以为资金不足的企业建立一个信息处理中心查询平台。企业可以在这个平台运用先进的云计算技术以及超级计算机的大量数据分析，查询其他环节的农产品信息或者向政府及行业机构咨询，接受政府及行业机构提供的建议，避免盲目做出错误的市场决定。

六、农产品监管信息处理中心的建立

若农产品供应链信息化是我国农产品安全监管制度实施的基础、那么农产品监管信息处理中心则是使农产品供应链信息化各环节的企业以及各单位部门信息连接的基础。如表 8-1 所示，农产品监管信息处理中心应该拥有如下功能。

（1）储存 RFID 标签在各个环节进入时录入的信息和离开时更新的信息。

（2）储存各个环节中传感器记录的信息。

（3）储存运输环节中的 GIS 数据以及加工环节全过程的监控录像。

（4）各个环节的企业或政府、行业机构可以向信息储存与处理中心查询农产品安全信息及农产品当前属性信息。

（5）在农产品监管信息处理中心内记录完善的农产品评估体系及农产品监管法律体系，作为传感器中是否触发农产品质量安全预警的标准。

（6）记录在零售环节的农产品上标记的文字标签或二维码标签信息，包括生产地点、加工地点、流通环节、批发环节的信息，以作为农产品溯源用途。

（7）记录农产品安全责任法定原则，对部门间的监管职责划分清楚以及对企业的奖惩制度进行规定，使监管不力或生产不合格农产品的企业均可受到法律追究。

表 8-1　农产品监管信息处理中心功能

1. 储存 RFID 标签信息	
生产环节自动生成 RFID 标签信息	进入加工环节 RFID 标签信息
离开加工环节更新的 RFII）标签信息	进入仓储环节 RFID 标签信息
离开仓储环节更新的 RFID 标签信息	批发环节农产品商品的 RFID 标签信息
零售环节农产品商品的 RFID 标签信息	
2. 储存各个环节中传感器记录的信息	
生产环节传感器记录的信息	加工环节传感器记录的信息

仓储环节传感器记录的信息	运输环节传感器记录的信息
零售环节传感器记录的信息	
3．储存 GIS 数据和各环节监控录像的保存	
运输环节中车辆的行驶路线	运输环节中车辆是否偏离计划路线
运输环节中车辆的行驶时间记录	加工环节监控录像保存
仓储环节监控录像保存	
4．查询功能	
生产环节企业查询功能	加工环节企业查询功能
流通环节企业查询功能	批发、零售环节企业查询功能
政府查询功能	农业行业机构查询功能
消费者查询功能	手机查询方式
短信查询方式	网络查询方式
现场查询方式	
5．预警系统	
信息收集功能	风险定义和风险评估功能
为相关部门制定应急措施功能	消费者查询功能
行业机构查询功能	预警解除总结报告记录
发生问题责任单位记录	
6．农产品质量信息追溯系统的信息数据处理系统：记录农产品商品的 RFID 标签信息并与信息处理与储存中心相联系，把农产品供应链相关信息转化为 RFID 标签，也可以为用户提供农产品 RFID 标签信息查询功能	
7．记录农产品安全责任法定原则	
记录各环节企业所属监管部门	记录企业的奖惩记录
记录相关监管部门的职责划分	记录明确的农产品安全责任追究制

第三节　构建物联网环境下的农产品质量安全监管制度

一、基于物联网技术的农产品供应链预警制度

对于农产品质量安全问题的发生，提前预防的作用是相当重要的，在农产品供应链中对农产品问题"防患于未然"也是必要的。2014 年年初，我国农业农村部发布了关于加强农产品质量安全监管的工作总体要求：按照"从严从紧"原则，对蔬菜、动物性产品开展重大风险隐患排查工作，坚持以人为本，减少危害，始终坚持事前防范的总体原则。而农产品供应链预警机制中监督供应链的信息手段可以依靠 RFID 标签和供应链中各环节的大量传感器得到风险警报。政府部门应做好三点：①做好风险分析和判断，定义风险预警等级并做好应对措施；②针对风险预警为消费者及企业提供合理建议，加强信息交流；③对出现问题的环节进行修正，并追查有安全问题的农产品。

（一）我国当前农产品预警制度存在的问题

1. 监测主体不明确

我国从事农产品供应链信息收集的部门各不相同，因此需要建立一个相关的农产品数据信息处理与储存中心，使信息的采集和分析预测在各政府部门间有明确分工，同时明晰责权，减轻市场的负担。

2. 信息收集标准未建立

农产品信息收集无统一标准是我国农产品市场监管工作的一大难题。欧、美、日等信息收集、储存、转换发展较成熟的地区，对农产品的种类、包装、规格等都有明确规定，采集信息时间固定，我国急需国家和地方出台标准，并对收集、储存信息和上报频率、时间进行明确规定，以保证信息收集的效率。

3. 我国信息发布的机制尚在起步阶段

农产品质量信息预警和信息追溯的最终目的，是解决农产品的生产和经营与市场各方面信息不对称等问题，以增加生产力，促进农民收入增加和农业效率提高，这是服务于农产品的生产者、经营者和消费者的需要，也是服务于我国的宏观调控的需要。农业部门和农产品生产者、经营者、消费者互为数据信息的交流方，最终使政府发布的有效信息能对农产品生产者、经营者、消费者进行引导，并开展分析研究和形成可供参考的信息。

4. 农产品质量信息预警系统尚没有明确的法律法规

上述我国农产品市场监测主体不明确、缺少信息收集标准、信息没有秩序等问题的根源是农产品质量信息监测预警系统无法可依，仅仅依靠政府部门一两次的对外报告不能保证市场监测预警工作和农产品的安全风险评估工作的顺利开展。发达国家对于市场的监测、统计可以在其专门的法律中体现和保障，我国同

样需要依靠法律明确市场监管主体、提供信息的重要性、发布信息的时间和频率、市场调控主体和方式等，这是当前亟待解决的问题之一。

（二）基于物联网技术的农产品质量安全预警

当国家的技术水平不断发展，行业中的农产品供应链也会逐步地信息化，环节与环节的衔接之间有 RFID 标签记录当前农产品的信息，并且在环节中设置了大量的传感器。两者为供应链环节中的企业、政府和行业机构、消费者提供大量信息，而其中的部分功能就是为环节外的其他成员提供农产品质量安全问题的预警。

（1）基于物联网 RFID 技术，存在于农产品供应链各个环节的 RFID 标签可以为农产品质量安全预警提供全面的监督信息。在农产品供应链的每个环节开始及结束时，在农产品上贴上或更新 RFID 标签，而更新 RFID 标签时，其中所记录的信息会录入信息处理与储存中心。录入信息时，系统会把收集到的农产品质量信息输入预警系统，信息由计算机系统和专业工作人员进行检查，与相关数据比较后得到此批农产品的风险信息，并判断此批农产品是否存在风险并决定风险的等级，最后把风险信息传送到相关部门及消费者处。

（2）RFID 标签的应用确实是农产品质量安全监督预警的一大利器，但因为 RFID 标签只能提供阶段性信息，有可能造成发现问题较迟的情况。因此，在农产品质量安全预警功能上，应把 RFID 标签和传感器两者相互结合，得到农产品动态性信息和阶段性信息。比如，在农产品储存环节和流通环节发生的变质问题，在零售环节中放置于货架上的农产品商品变质等问题将可以得到提前预警，并通知相关工作人员或政府部门对有质量安全问题的农产品进行处理并告知消费者。

（3）在得到风险警告后，利用物联网后台云计算技术及资源，定义当前风险的等级，并针对相关的风险等级通知相关部门以制定相应的拯救措施，并记录相关部门对风险预警的反应及所采取的针对措施，避免各部门之间责任不清晰或政府部门对相关事件的监督不到位时难以追究相关责任的情况。

运用物联网把物品信息与互联网联系起来的技术，使得系统能对农产品进行智能识别，并鉴别农产品是否存在质量问题，同时能及时地通知相关人员。

（三）预警系统与 HACCP 体系相结合[①]

当与农产品相联系的信息系统接收到农产品安全警报后，可以第一时间有对应的判断，再通知相关人员对问题进行解决，并在问题解决后有反馈总结，以防问题的再次发生。

---

①　曾庆孝，许喜林. 食品生产的危害分析与关键控制点 HACCP 原理与应用［M］. 广州：华南理工大学出版社，2000.

1. HACCP 危害分析和关键控制点

HACCP（Hazard Analysis Critical Control Point，表示危害分析的关键控制点）危害分析来源于三大方面：生物危害、化学危害、物理危害。HACCP 对农产品供应链全过程进行实际和潜在的危害分析，并对工艺中的工序进行风险评估，确定潜在危害性和程度，并制作危害分析表。

卫生标准操作程序（SSOP）可以影响关键控制点的数量，水产品 HACCP 法规允许安全方面的卫生控制包括在 HACCP 计划中，但大多数情况下，企业不应将卫生方面的控制点设为关键控制点。因为对于某些卫生控制来说，设定和满足关键限值是很困难的，在关键控制点上设定的额外的卫生监控将加重 HACCP 计划的负担，分散对关键加工程序的注意力。

关键控制点判断树是判断关键控制点的有用工具，判断树中四个相互关联的问题构成了判断的逻辑方法，信息处理系统接收到农产品质量安全预警后，利用物联网的云计算和大数据分析能力和 HACCP 体系立刻对风险进行等级评估。

（1）黄色警报。农产品在流通阶段或零售阶段因储存条件不合格造成农产品质量问题，或因传感器检测到卫生质量问题，如大肠杆菌超标等因农产品质量问题造成全市食品安全问题时，可定义风险为黄色警报。

（2）橙色警报。当监控录像监测到农产品在生产加工过程中，企业加工假冒伪劣产品，以假充真，或以非农产品原料或过期农产品原料加工。因农产品质量安全问题造成区域性食品安全问题时，可定义风险为橙色警报。

（3）红色警报。检测到农产品在任意环节中被添加过量化学药品、滥用食品添加剂，农产品在供应链中受到污染或受到有毒物质掺杂。因农产品质量安全问题造成重大食品安全事故的，可定义风险为红色警报。

在定义风险等级的同时，信息处理系统会在第一时间向相关部门和有关媒体通报，如果有质量问题的农产品已经流通到某个城市中，也可以首先向市人民政府食品安全委员会报告，重大食品安全突发事故还应该马上向省食品安全委员会报告，并在两小时内完成风险的评估工作并整理、上报。

信息处理中心的预警信号产生后，非相关工作人员不能解除，且问题尚未解决前任何人不得解除预警信号，否则违反人员将承担相关的违法责任。同时，任何单位与个人不得对发生的农产品质量安全问题进行隐瞒，或者授意他人进行隐瞒；也不能妨碍他人报告农产品质量安全问题，否则根据信息处理中心的记录将依法查处并追究责任。

2. HACCP 与召回制度结合的预警处理

相关部门得到信息系统或信息工作人员整理的报告后，若风险预警等级为黄色警报，应立即对有质量问题的农产品进行追查，对有问题批次的农产品进行截获并阻止其向社会流通；若风险预警等级为橙色警报或红色警报，除对问题农产品进行追查以及截获外，还要从零售环节的货架开始检查，一直到批发环节、运输农产品的交通工具、储藏的仓库、加工企业、生产地，及时追查其源头，立刻制止有关企业继续生产加工伪劣、假冒、有害的农产品。同时，若可能存在因此批次农产品发生食品安全事故的情况，要同时启动《食品质量安全事故应急预案》。

若已经有不合格的农产品流入市场，则对市场内依法检查，对市场的每个点进行拉网式检查，对检查中发现问题的农产品立即进行封存，并实行停止销售、责令召回等措施。同时，坚持信息发布统一归口的原则，根据信息系统对风险等级的评估，向社会发布信息警告，提醒消费者仔细选择此类货品，并告知消费者和企业如何正确采取预防措施，消除社会上因不合格农产品造成的危害与恐慌。联合新闻媒体，加强舆论导向工作，对于不合格农产品的处理结果由政府食品安全新闻工作室统一对外发布，个人以及单位不得擅自发布任何信息。另外，HACCP还要求企业有一套召回机制，由企业的管理层组成一个小组，必须要有相关人员担任总协调员，对可能的问题产品实施紧急召回，最大限度地保护消费者的利益。

在处理预警时，政府部门应以对人民生命健康负责的态度，保证应急保障处理工作的顺利展开：

（1）信息保障，利用物联网系统保证信息的畅通。

（2）人员保障，有专门的技术人员和相关部门人员参与调查处理。

（3）技术保障，利用物联网技术收集的信息为调查提供科学依据。

（4）物资保障，各级政府应在预警处理期间保证所需物资、设施及资金满足需要。在处理有质量安全问题的农产品的同时，还应对预警警报中提到的问题进行调查评估，查清楚农产品加工原料的来源、市场流向，不合格农产品导致的食品安全危害等信息，并总结上报。

3. 预警解除

预警必须由有关工作人员解除，且问题未解决之前任何人不得解除，否则依法追究法律责任。

预警解除后，隐患发生地的人民政府及有关部门应在预警处理结束后十日之内上交总结报告，内容主要包括：

（1）本次预警责任单位。指出流通出有质量问题农产品的企业或生产单位，并依法追究其法律责任。

（2）本次预警处理总结。对本次预警处理工作鉴定总结，对问题成因做出分析，提出今后对相似事件应考虑哪些因素和如何处置及防范。

（3）本次预警处理未履行责任单位。指在本次预警处理工作中没有履行职责或者怠慢职责的单位或个人，依法对其做出处理。

（4）责任报告人。包括农产品供应链所有的成员、农产品行业机构、消费者。

（四）国外农产品预警制度现况

1. 欧盟农产品预警制度

（1）欧盟有完善的农产品信息预警管理体系和法律标准。欧盟对于农产品信息的预警管理体系依靠政府部门和行业之间的纵向和横向的共同管理，纵向管理体系是欧盟食品安全委员会及其下属所管理的各个国家的管理委员会，横向管理体系则是覆盖全面行业的庞大网络系统，两者同时对农产品供应链进行农产品信息的预警管理。同时，欧盟自1980年至现今，已颁布了20多部有关农产品安全的法律，形成了庞大的法律安全体系。

（2）欧盟对于农产品信息预警的管理有明确原则。欧盟在农产品预警体系管理中坚持：

①统一管理原则。一个部门管理，避免权责不清。

②信息公开透明原则。对外界不隐瞒任何信息，信息完全公开化，科学研究者、消费者和媒体均可以对农产品的信息进行调查。

③专家参与原则。在制定预警标准时允许相关的学者和研究专家参与到预警体系设计中，为体系设计提供标准数据。

④预防为主原则。对于出现问题的农产品，快速反应并采取终止问题农产品销售、使用等紧急措施，并通知相关成员国和消费者。

2. 美国农产品信息预警制度

（1）美国农产品信息预警可以为农民提供决策信息。美国的农产品信息预警系统为农民提供了农产品总体的贸易形势，分析了当前气候的特点，为农民发布官方权威信息，保证农民得到的信息的公平性、及时性和真实性，以此提高农产品售后的服务质量。

（2）美国农产品信息预警工作原理。首先，由国家农业统计局和海外农业服务局等政府部门收集基础数据。然后，由大学、政府部门、行业机构跨部门共同完成研究分析，并展开预警工作。最后，相关农产品预警信息由多部门组成的世界农业研究中心发布。

（3）美国农产品信息预警体系有强大的技术支撑。有三大方面技术支撑美国农产品信息分析预警，它们相互补充、相互协调。强大的数据支持系统，这归功于美国强大的信息收集能力。先进的模型分析工具，美国大学有很多为政府服务的相关模型研究。高素质的分析人员，这与美国国民整体素质较高和注重员工培训有关。

二、基于物联网技术的农产品质量信息溯源制度

国外比较成功的农产品质量信息监管制度的建立，除了有及时的预警系统外，还有对农产品质量信息溯源的系统。

（一）我国需要建立农产品质量信息溯源制度的原因

1. 我国国情的复杂性

与其他国家不同，我国地域广阔，地区情况各不相同，对于农产品的管理情况也比较复杂，不能像其他国家那样对所有农产品统一管理。因此，在农产品的质量安全问题上要建立一个可靠的农产品质量信息溯源制度，以保证农产品出现质量安全问题时，相关部门可以避免繁杂琐碎的情况而直接对农产品进行溯源，找到问题的来源。

2. 我国农产品供应链的特点

农产品供应链与其他类型的供应链有着不同的特点：

（1）农产品供应链是一个涉及从生产到餐桌全过程的供应链，其中涉及相当多的环节，造成了其复杂的情况和难以对其监管的状况。

（2）由于在农产品的生产环节需要添加农药和化肥，在农产品加工环节需要添加各种化学品和添加剂，所以对其需要相当高强度的监管。

（3）农产品的仓储时间与运输时间都不能超过农产品的保质期，为此农产品供应链有时限性。

以上特点都决定了农产品供应链需要一个对质量安全问题溯源的制度，以找出农产品供应链发生问题之处。

3. 建立农产品质量信息溯源制度的重要意义

2010年12月底，德国发生了"二噁英毒饲料"事件，但德国能极快地对事件做出反应，使消费者财产零损失、健康零损害，并极快地追查到其发源地，让违法企业露出真面目。其处置事件的透明度也相当高，不但尊重消费者的知情权，调查的过程全面公布，而且毫不手软地查处了无作为的职责部门。此制度对保障消费者知情权，对供应链全过程的监督，对无作为的职责部门的检查有着重大意义。在农产品供应过程中，由于控制不力、操作失误和人工误差等原因，总会产生一些农产品质量安全问题，因此建立一套完整的农产品供应链信息溯源制度势在必行。

（二）建立农产品质量信息溯源制度的技术思路

农产品信息追溯的关键是为农产品建立一个"身份证"，即农产品的RFID质量追溯码，其中包含了农产品从生产源头到零售端所有环节的信息，甚至还可

以加入农产品的建议食用日期和食用方法等信息。同时，RFID 标签的信息储存量较大，而且信息保密性也极好，有利于企业在使用时既能达到农产品信息追溯的目的又不泄露信息。

RFID 标签系统可分为三大部分：信息收集端、RFID 标签条形码识别和打印设备、农产品信息溯源数据库中心。

（1）信息收集端。在农产品供应链的每个环节中都设置了针对农产品质量监测的传感器，其收集的信息可以转化为记录的数据并保存到信息数据储存中心，同时在农产品出、入供应链环节时转化为 RFID 标签信息并打印出来。

（2）RFID 标签条形码识别和打印设备。农产品信息溯源系统根据信息收集端提供的农产品信息自动生成可识别的 RFID 标签和电子档案，其中包含了农产品信息追溯所要包含的所有信息，再根据需要的实际数量打印，并粘贴在农产品上。其生成的电子档案也保存到信息数据储存中心，在供应链的任何阶段都可以对 RFID 标签进行信息扫描或者对农产品信息进行追溯。

（3）农产品信息溯源数据库中心。农产品信息溯源数据库中心和农产品供应链的信息处理与储存中心相连，是信息处理与储存中心的数据库之一。它储存不同类型的农产品信息，实现分类专业化信息管理，同时可以实现用户的查询功能，消费者可以运用电话、短信、互联网等方式对 RFID 标签的信息进行查询。

（三）运用物联网技术建立农产品质量信息溯源制度

要利用物联网技术对农产品质量信息进行精确的溯源，就需要把在供应链的每个环节中收集到的必要信息转化为 RFID 标签信息，并保存其电子档案至信息数据库中心。消费者购买农产品商品时，可以查询农产品上的 RFID 标签信息，若农产品质量有问题，可交由相关政府部门处理，对农产品进行信息追溯，追究有质量安全问题的农产品企业。

农产品质量信息溯源数据库中心与农产品供应链的信息处理与储存中心相连，可以提取信息处理与储存中心的数据，用于农产品质量信息溯源。为了农产品信息溯源的顺利展开，信息数据库中心需要做到以下几个方面：

（1）生产环节的有机物投放记录、农药喷施记录、虫害记录、生产环境（温度、亮度、湿度、CO_2 浓度等）数据记录、种植人员管理。

（2）加工环节的原材料数量记录、加工环境数据记录、加工工序记录、化学品添加种类和添加量记录、包装材料记录、成品数量记录。

（3）流通环节中入库农产品数量记录、储存环境数据记录、出库农产品数量记录、运输环境记录、运输时间记录、运输损坏情况。

（4）批发环节和零售环节的商品储存环境记录、销售记录、商品上的 RFID 标签信息追溯编码管理。

（5）农产品信息溯源数据库中心还可以实现为在商场购买了农产品的消费者提供实时的 RFID 标签信息查询和消费者随时随地运用各种通信方式查询 RFID 标签信息的功能。政府部门和农产品行业机构也可以利用农产品信息溯源数据库中心查询农产品商品上的 RFID 标签信息。

（6）农产品信息溯源数据库记录的信息非相关工作人员没有权限进行管理。相关工作人员对信息的管理为记录、排序、纠错，并不能对信息进行修改和删除或虚假记录信息，违反者将承担相关法律责任，以保证农产品信息对外界的公开和公正。

信息收集端把数据库中心的信息转化为 RFID 标签信息，再运用 RFID 打印设备生产可识别的 RFID 标签，然后粘贴到农产品商品上，让外界了解农产品从生产到销售环节的全方位信息，并作为农产品信息溯源开始的基础。

这个过程从生产环节开始，在农产品上粘贴一个 RFID 标签存储器，在加工、流通环节中继续写入必须让外界知晓的农产品信息，如生产地、生产环境、添加化学品、加工方式等。消费者和政府部门、行业机构可以对这些信息进行查询；消费者发现农产品商品不合格时，可以向食品监管部门举报，食品监管部门就可以根据农产品商品上的 RFID 标签的信息对农产品进行溯源。溯源开始，可以在农产品信息溯源数据库中心迅速查询到农产品的相关信息，如农产品原产地、产品销售地和责任人。同时，不仅可以找到出现问题的农产品供应链环节，而且可以迅速采取相应的措施，对有问题的环节进行改进以及对有问题的农产品进行追查和下架，尽量减少人民群众的财产损失和健康损害。

农产品的信息溯源是农产品供应链的管理溯源，结合了物联网技术，系统地记录了农产品在供应链所有环节上的必要信息。从供应链管理的角度来看，使得各环节企业的责任清晰明确，再通过网络技术和信息技术搭建的农产品信息溯源数据库中心，把基于物联网覆盖全过程的农产品供应链溯源管理由理论变为可操作的实际流程。

（四）农产品质量信息溯源制度与召回制度相结合

农产品与其他长期消费商品不同，使用之后就无从召回。然而，问题出在哪个环节？责任在谁？如何召回同一"批次"或同样情况的其他不合格农产品，杜绝质量问题扩散？农产品溯源制度与召回制度相结合，可实现发现一例质量问题，即可迅速、准确地反映，通过追查、召回避免一批质量问题的发生。不论追查还是召回，前提是要对每件农产品的"来龙去脉"一清二楚。各省制定的农产品质量安全条例明确要求建立完善的农产品质量安全可追溯制度，记录农产品产前、产中、产后信息，实现从生产地到销售地每个环节都可以相互追查，从任何一个中间环节都可以对产品进行追查。安全条例规定，农药、饲料等农业投入品经营者应当建立农业投入品经营档案，记录农业投入品的来源和销售去向等情况；农产品生产企业、从事农产品生产的农民专业合作经济组织以及具有一定生产规模的农户，应当建立完整的生产过程和受检情况记录；农产品批发市场、农产品经营企业等单位应当建立"购销台账"，一道环节一本账，使追查、追回有依据，一旦发现不合格农产品，按照安全条例规定，农产品经营者不仅要立即停止销售，而且要配合生产者召回已销售的农产品，通知相关生产者、经营者和消费者，记录停止销售和通知的情况，并对召回的农产品采取补救、无害化处理、销毁等措施；不合格的农产品将会被召回，违反规定的农产品生产者还将被处以罚款。

（五）农产品供应链溯源管理流程尚存问题

在我国，虽然物联网技术尚未得到普及和认可，但是已经有不少城市开始实行结合农产品供应链和物联网技术的试点，建成了农产品溯源系统，并初步实现了农产品信息溯源功能，取得了比较良好的成效。但是，鉴于我国国情，在建立和推广基于物联网技术的农产品信息溯源系统方面依然存在一定的问题。

1. 建立系统的成本较高，造成推广难度大

在农产品供应链的每个环节中都需要设置大量的传感器作为收集信息的手段，而每个传感器的成本都相对较高，如一个良好的湿度传感器就需要上百美元，较高的成本制约了物联网技术在我国的推广，因为企业的逐利性决定了一些企业不会投入大量的成本来建立一个需要较长时间才见效的系统，若政府强制性要求企业建立相关的农产品信息溯源系统，成本的压力就会转嫁到消费者身上。在推广农产品信息溯源系统的过程中，政府的投入是关键，但目前尚无相关明细的法律或者明确的规定要求政府在此方面加大投入。上述原因造成农产品溯源系统在我国推广的难度依然很大。

2. 我国当前没有相关制度保护信息技术的发展

虽然基于物联网技术的农产品信息溯源系统拥有其他系统无法比拟的优点，但是由于此技术尚处于试点推进阶段，还没有相关的法律制度对新技术实行保障、支持，使此技术尚未在产业中达到稳定性、持续性、长期性的特点。同时，我国还没有关于信息制度的立法保障，由于信息技术的限制，在企业产生诸多问题时，还没有有效的预防和救济措施。另外，由于信息处理与储存中心保存了海量的企业和产品的信息，一旦运用RFID技术的识别芯片出现技术问题，企业和用户的隐私以及产品的信息安全都会受到威胁。如何确保产品的信息得到有效的保护，用户和企业的隐私不被侵犯，保障信息技术的正常发展，也是当前我国亟待解决的问题之一。

3. 各地标准存在差异

我国物联网技术的发展较晚，与发达国家必然存在一定的差距，同时，我国

各个区域的特点都不相同，因此质检的数据标准与其他国家的数据标准就会存在一定的差异。这种差异会使得我国的技术标准与发达国家的技术标准发生一些摩擦甚至碰撞，因此我国需要自行探索和开发 RFID 标签的技术标准，而不能照搬国外的标准。

4. 缺乏专业人员

在供应链流通的过程中，大量的信息也随着农产品的流动而流动。这些信息存在于 RFID 标签中，需要有专业的设备和人员对其进行读取、保存和维护，而目前大部分基层的工作人员素质不高，对于农产品信息溯源系统的新工具不能很好地理解和操作，造成数据错误的情况时有发生。如何培训相应的专业人员参与到供应链工作当中和提高当前工作人员的从业素质，也是当前运行农产品信息溯源系统应面对的问题之一。

（六）国外农产品质量信息溯源制度现况

1. 欧盟农产品安全信息溯源制度

欧盟在食品安全方面一直处于世界领先水平，其根本原因是欧盟成员国都处于强有力的法律制度保障下。欧盟在 20 世纪 90 年代就建立了旨在加强农产品等食品安全信息传递、控制有危害的食品、保护消费者财产安全和人身安全的系统，后来其功能慢慢延伸至农产品可追溯系统。此系统在农产品上都加入了可追溯标签，若产品上无可追溯标签或标签上信息不全皆不可以进入欧洲市场。制定大量的法律法规来保障农产品质量安全是一方面，技术的快速发展也是保障之一。2000 年 9 月，英国为农产品建立电子护照系统；2001 年，此系统加入了 DNA 信息库功能；2002 年，农产品信息溯源系统建立，NLIS 追溯系统开始得到应用。时至今日，欧盟国家所采用的农产品信息溯源系统一直得到技术的更新，这与欧盟以及欧盟的企业在此方面大量的技术投入有很大关系。由此可见，以欧盟为代表的国家保障农产品安全的关键在于强制性的法律制度和在农产品安全监管方面的快速应用和推广新技术。

2. 美国农产品安全信息溯源制度

相比欧盟的强制性法律要求，美国关于农产品的监管法律并不强制性地要求企业实行某项技术，只是对企业生产的产品进行相关的技术规定。美国对于民主的观念较强，对于信息隐私的保护观念也比较强，因此美国在强制性立法让企业都建立农产品追溯信息系统这方面会有所保留。但是，美国的信息技术一直处在领先地位，美国的农产品信息溯源系统运用的也是 RFID 技术，政府会为农业企业如何运用农产品 RFID 识别标签以及建立农产品信息溯源系统提供相关的信息，但不会强制要求。由于美国企业的行业素质较高，普遍情况下企业会主动公开农产品的安全信息，一方面方便消费者和政府部门日后对农产品信息进行溯源；另一方面令自身企业形象得到提升，加大自身产品竞争力。由于美国对农业企业不做强制性要求，因此农产品售前和售后的监控、检测和追溯体系并不完善，这使农产品的安全问题存在一定的隐患。

三、物联网技术对农产品质量监管制度的进一步改良

借鉴外国的农产品监管制度，再与我国国情相结合，大部分学者认为我国的农产品监管除了需要完整的农产品信息预警制度和农产品信息溯源制度以外，还需要有效整合我国的农产品安全监管体系，不断提高农产品安全监管工作的有效性和效率。同时，应积极与利益相关者寻求合作，建立起运用社会力量相互协作的监管制度。

（一）现今我国农产品质量监管制度存在的问题

我国当前的农产品质量监管制度除了运用科学监管技术的水平不高，需要建立完整的农产品信息预警制度和农产品信息溯源制度这两个问题外，还存在以下问题：

1. 我国农产品商品的认证制度存在缺陷

（1）我国农产品的市场准入门槛较低。我国当前的农产品企业缺乏有规模和有极大影响力的领先者，也没有覆盖全国的销售网络体系。我国农产品供应链各环节之间尚无良好的衔接，而且市场的基础服务设施较落后，市场的发育程度也较低。由于缺乏农产品的标识和标签，使得供应链的信息不对称，造成市场自我调节功能失效。

（2）我国农产品的标识混乱。我国现在的状况是从监管部门到认证机构，再到企业的自律行为，这个需要环环相扣的过程，反而因为各种各样的原因变得漏洞百出。同时，在农产品的标识上应标注的信息种类和信息量并没有明确的规定，所以标识上是否应标注某种认证也不明确，造成市场上农产品的标识不规范。

（3）农产品认证过程烦琐。一是认证的检查步骤安排不当，因为认证机构的安排结构有问题，造成认证效率较低；二是专业技术人员不足，我国当前对此方面的培训还是相当不足的；三是认证检查后监管不力，或者监管后老问题依然存在等。

2. 我国农产品监管法律制度尚存在未解决的问题

（1）我国当前农产品监管法律体系尚未涉及所有方面。我国现行的农产品安全监管的相关法律体系缺乏系统性，农产品的安全法律法规也不健全，在农产品的安全监管中缺乏可操作性，也存在着法律制度的缺失，造成农产品安全监管无法可依。

（2）我国农产品安全具体的监管制度尚有漏洞。首先，我国的食品安全标准不健全，农产品安全标准尚未与国际完整接轨；其次，我国的农产品安全检测体系不完善，由于我国检测技术的落后，即使对于国际上知道的危险标准，也未必能检测到问题；然后，我国当前的农产品信息披露制度也不全面，相关政府部门缺乏一个公布信息的平台；最后，我国农产品安全监管的法律责任机制也不完善，对于违法企业或违法部门不进行惩罚的情况比比皆是。

（3）我国的农产品监管模式与现状不符。政府相关食品安全部门的职权相互交叉，监管混乱，监管部门的监管力度不足，执法也不够积极，造成消费者对政府部门的不信任，久而久之，农产品的安全问题会令人完全丧失信心。

（4）缺少配套其他监管主体的法律制度。由于消费者和媒体的局限性以及行业协会和机构的自我监督需要依赖自身自觉性，若监管只靠政府部门，相关监管主体就会逐渐忽略自身的社会监管地位，不能有效地监管企业和政府监管部门的违法行为。

（二）修改食品安全法的影响因素

1. 外部因素

（1）环境因素。近年来，自然环境的污染情况越发严重，工业发展造成的化学或生物污染使得农产品的种植、运输、加工等环节的防污染工作越发重要。

（2）国际贸易的发达。目前，因为农产品生产、加工的全球化，全球每年的食品贸易总价值大约有 5000 亿美元，跨地区的贸易和人员跨地区交流使得食源性疾病的扩散更容易了。

（3）技术因素。提高农产品安全的技术手段也是农产品安全监管制度的外部因素，因为对于监管者来说，在某一具体时间点，农产品安全的技术手段总是会成为外部的限制条件。

2. 内部因素

（1）监管的主体——监管机构。监管机构在很多方面都有能力对农产品安全进行干预，包括农产品质量安全的立法、司法、行政部门、科学研究机构、非科学研究机构等。

（2）监管的客体——监管对象。监管对象包括农产品在供应链环节中所有涉及生产、储存、加工、流通、销售的单位和个人。尤其在工业化进程越来越快的今天，农产品的安全问题更值得重视。

（3）监管的手段——政策手段。农产品质量监管的法律体系、技术法规、技术标准、合格评定、市场准入、信息交流和消费者教育等手段。

（三）物联网技术的实施对食品安全法修改的影响

物联网技术与农产品质量安全监管制度相结合，坚持预防为主的原则，能对农产品安全进行风险评估，运用物联网技术指导农产品安全法律法规的实施；同时，物联网技术为农产品的信息公开制度提供了技术基础和实现可能，让农产品的全程监管和农产品安全信息溯源实现实际的运用；物联网技术为农产品的安全责任落实提供了强有力的保障。

1. 物联网技术有助于农产品安全标准体系的完善

我国的农产品安全标准制度各地不一，使得某地符合安全标准的农产品运输到外地时却不能达标。利用物联网技术中的云计算能力所建立的信息储存与处理中心，可以使我国农产品供应链环节的农产品安全标准与世界农产品安全标准接轨，这不但有利于我国的农产品安全，还有利于国际贸易。信息储存与处理中心把农产品安全标准层次化和相互协调，通过合理设置农产品安全标准层次而提高农产品安全标准的通用性，对于特别的农产品可使用特别定制的标准，增加了实际的可操作性、使用性和灵活度。由于物联网技术保持着与其他行业甚至其他国家的信息交流，能对我国的农产品安全标准进行持续的更新，对农产品安全的适用标准不断改进。我国还应该继续加大物联网技术在农产品安全方面的投入，以达到在现有技术条件下可以有我国自己的农产品安全标准，保证各个农产品安全标准之间没有冲突。

2. 物联网技术使农产品安全监管体系得到加强

由于农产品问题可能随时出现在供应链的任何环节，因此对农产品供应链的监管对于我国来说是个很大的问题。运用物联网技术的人与物和信息联合的特点，实现了农产品安全监管的全程控制，把监控活动和农产品供应链相互融合，实现科学化的农产品生产过程，以增加农产品产量与质量，减少农产品供应链的牛鞭效应和供应链各环节的信息不对称，最大限度地预防因农产品问题而出现的危害。物联网技术也为我国农产品供应链建立起农产品安全风险预警系统和农产品安全信息溯源系统提供了技术基础。借鉴国外的农产品质量安全监管制度，农产品的安全预警系统和农产品安全信息溯源系统在监管制度中占有很重要的地位，它能有效防止问题的发生并对问题产生的原因进行追溯，保证了农产品不会对消费者造成健康和财产的损失。物联网技术的应用降低了政府部门监管农产品安全的难度，也使企业加强了自身的检验检测，能为外界提供真实有力的数据支持和有效建议。

3. 物联网技术健全农产品安全信息披露机制

农产品安全信息不对称的情况在我国较为严重。消费者不了解农产品情况，企业不了解市场走向和政府政策，这对于农产品的质量安全监管是相当不利的，应用物联网技术健全了农产品安全信息的披露机制。首先，运用物联网技术可以明确农产品安全信息的主体，即农产品在供应链的全过程、农产品企业、监管农产品安全的政府部门，也明确了农产品安全风险预警评估和农产品的安全信息溯源、重大农产品安全事故信息及处理信息、国务院规定的需要统一发布的信息。其次，物联网技术可以明确信息的披露范围，即对于农业行政部门、农产品质量监管部门、工商行政部门、农产品检测机构的信息和责任范围有明确规定，使得各部门各司其职，尽量不出现职责重叠和部门间责任不明的情况。最后，物联网技术可以建立农产品信息网络平台：（1）政府可以建立属于自己的信息网络平台，发布最新的政策和农产品的安全信息，外界可以在信息平台上了解自己所需要的信息，当然，政府要保证公布信息的正确性和及时性，也不能发布媒体已经发布的信息。（2）外界可以运用多种手段在信息平台上查询到自己所需的信息，了解农产品的安全信息，辨别农产品的质量，真正实现随时随地的物联网信息互通。

4. 物联网技术加强农产品安全监管责任机制

农产品安全问题的出现不仅是违法企业的问题，也是农产品监管部门的责任。物联网技术运用在农产品安全监管和农产品供应链全过程的一大原因就是能够明确农产品安全问题发生后的责任归属。通过物联网技术不但可以确定责任的归属，还可以有法律的依据，保证农产品安全问题问责机制的有效实施。另外，由于在物联网信息平台上确定了政府部门的责任范围，若相关政府部门没有履行自己的监管职责，相关信息会记录在信息储存与处理中心并公布，让媒体、行业机构、消费者共同进行监督，一经发现就把情况上报到检察机关和纪检机构，对相关违法企业和违法部门实施处罚。

5. 物联网技术加强消费者、媒体监督和行业自律

农产品事关消费者的切身利益，但关于农产品的安全问题消费者往往不能直观地发现，而我国消费者对于农产品的安全意识又比较薄弱，造成农产品安全问题频出，给消费者的健康和财产造成了损害。我国的大部分消费者一般只会忍气吞声，不会把问题向政府上报和追究赔偿。在运用物联网技术建立信息储存与处理中心后，消费者可以通过短信、电话、咨询等方式在信息中心查找到自己的信息，包括：（1）查询到相关农产品安全的知识。（2）可通过物联网得知农产品在供应链的全过程信息。（3）及时了解农产品的预警信息和进行农产品安全信息追溯。（4）行使自己的监督权利，加强对农产品企业和政府部门的监管。

媒体是现代社会舆论力度最大的社会监管主体，媒体可通过物联网对相关农产品企业和政府部门进行监督，并在相关的信息平台上宣传农产品的安全知识。对于媒体来说，曝光违法企业、跟踪农产品安全事故的处理进度、对农产品安全进行舆论监督等也是媒体行使监督权利的方式。但由于媒体的报道存在局限性，还需要与其他监管方式相互结合才能使监管效果更好。

由于物联网技术使信息透明化，信息中心成为农产品行业和政府信息交流的桥梁，农产品行业可以了解政府最新的农产品相关政策和法律法规，政府也可以对农产品行业进行有效的监管和打击违法行为以维护农产品行业的信誉。由于信息对外界的公开，行业必须加强自身的自律，如改变监管观念、树立企业荣誉感、建立奖惩机制等，企业的自身监管才是农产品监管的第一道防线，企业应发挥自身的作用，成为农产品监管制度中主要的监管力量。

第四节 具体案例分析

我国每个省的重点农产品不同，但因为广东省对农业的技术投入力度较大，RFID标签技术的发展也比其他各省要早且成熟，现特选取广东省作为研究对象。广东省的重点农业是渔业，重点农产品是水产品，现对水产品供应链进行分析。以罗非鱼为例，把供应链中的养殖、加工、仓储、运输、销售环节与物联网技术相结合。

（1）养殖环节。利用传感器检测养殖水体的温度、亮度、pH值、含氧量等因素，并利用精确电子设备对养殖进行日常控制与管理，运用RFID标签记录养殖过程的信息。

（2）加工过程。EPC物联网技术能够实时地自动识别和跟踪整个生产线上的原材料、半成品和成品的信息，加以预警和控制。产品加工环节的物联网应用开始于原材料入库，从生产基地运送到加工厂的活体水产品外包装上贴有RFID电子标签，标签中记录了当前批次产品的生长信息以及健康状况。

（3）仓储过程。入库管理是指对进入仓库的罗非鱼进行识别，经过对产品的核对、登记、分类，生成入库清单的步骤，记录水产品的名称、类别、规格、入库时间、加工厂名称、生产日期、数量等信息，并将这些信息更新到仓库管理系统。安放在固定地点的RFID读写器会自动读取货车上的RFID标签信息，对货车内的水产品种类以及数量进行匹配，只有入库批次信息一致的产品才能进入仓库卸货。

（4）运输过程。监测到的车辆速度、位置、转速等信息以及RFID扫描的司机识别信息通过互联网传递给分布式数据采集逻辑单元处理，构建起水产品冷链在途运输的无线传感网络，最终实现监控中心对车辆的在途运输实时智能监控。

（5）销售过程。实时监控货架上罗非鱼的质量情况，若有水产品质量出现问题，工作人员和顾客将会被告知。

物联网技术还为罗非鱼供应链中传感器和RFID标签的信息建立信息处理中心，为政府的安全监控、预警、溯源提供完善的信息，为社会提供所需要的信息，让供应链各环节之间信息互通，减少牛鞭效应和柠檬市场现象。在结合了物联网技术的农产品安全监管制度中，政府对于罗非鱼的安全监管将实现全面、提前、可溯源、可召回的效果。当罗非鱼还处于供应链阶段时，HACCP 关键控制法已对罗非鱼供应链做出了完整的危害分析，并为政府提供危害分析表和关键控制点，发现养殖环节和加工工序以及保存环节最易出的问题。当有罗非鱼安全问题被检测到时，监管部门可以提前得到通知和系统分析出的风险评估以及相关预防、处理措施，对罗非鱼供应链出问题环节进行整改，并对出现问题而尚未流通的罗非鱼产品进行处理，对到达市场的罗非鱼产品进行召回，并在政府信息平台上公布相关信息，让媒体和行业协会、消费者获得相关信息，并对违法企业进行处理。

顾客在购买罗非鱼时，可以在超市直接要求工作人员对 RFID 标签进行信息查询，或用多种查询方式对信息处理中心记录的信息进行查询，了解罗非鱼供应链完整过程的信息。若有相关产品不符合要求，消费者可以向监管部门举报，监管部门将根据 RFID 标签记录的相关信息对产品信息进行溯源，追查产品的来源和加工、仓储、运输企业和相关责任人的信息，对相关批次的产品进行召回处理，对外发布出现安全问题的罗非鱼批次产品的 RFID 标签信息，对出现问题的环节进行整改。

新的农产品安全监管制度还有健全的信息披露制度，使罗非鱼的安全标准得到统一，媒体、消费者和行业机构均成为监督的一员，健全了责任追究机制，罗非鱼产品的相关企业和监管部门不能再肆无忌惮地生产违法产品或渎职，也加强了农产品行业的自律。

由此可知，与物联网技术结合的新的农产品安全监管制度可以为农产品的安全带来全面的监控、提前的预警、产品信息的溯源、信息的全面披露、有效的问题产品处理、完整的责任法定、新的监管力量的加入，有利于农产品行业的健康发展和对消费者健康的保护。

第九章 物联网环境下的农产品供应链优化升级

第一节 物联网促进农产品供应链优化升级的特征

物联网在促进农产品供应链升级方面具有深刻的背景要求与重要的研究意义。从物联网促进农产品供应链升级的理论研究意义出发，物联网促进农产品供应链升级包括物联网促进农产品供应链升级的层次特征和物联网促进农产品供应链各环节智能化升级的环节特征。

一、物联网促进农产品供应链升级的层次特征

在农产品供应链升级领域应用物联网的层次特征可以分为三大部分，即物联网感知层、网络层和应用层在农产品供应链升级领域的应用特征。

（一）感知层在物联网促进农产品供应链升级中的特征

农产品物联网技术的底层——感知层，是农产品物联网识别采集农产品相关属性信息的来源。它由各种物联网智能设备、传感器节点构成了庞大的、功能各异的农业甚至农产品的监控网络。感知层将现实世界中的农产品等物体属性通过上述物联网通信设备可以实时并自动地转化为农产品网络数据库中可以处理的虚拟数字化信息，其采集的信息可以包括温度、湿度、CO_2 浓度、压力等农产品的生命体征，通过这些技术的整理与汇总，将大范围内收集的信息整合到一起，便于实现农产品等数据的自动监测与控制，帮助农村合作社或者农户及时发现问题、分析问题与解决问题。

（二）网络层在物联网促进农产品供应链升级中的特征

网络层是由互联网、移动通信网络和专用网络管理中心组成的，可以实现更广范围内的网络互联，能够把感知层识别采集到的信息与数据进行无障碍、高可靠性、高安全性的传输。网络层将感知层获取的 CO_2 浓度、土壤温湿度、压力值、pH 酸碱度、降水量以及光照强度等农产品各种生命体征作为农作物生长的最佳条件，将感知层收集到的农产品信息实时上传至中继器，通过无线设备与大数据云计算上传至农产品网络数据库，通过相关农产品模型分析并自动调节温室环境、施肥与灌溉作业，还可以发现危险情况并进行预警，实现具体温室的集约

化与远程化管理。

（三）应用层在物联网促进农产品供应链升级中的特征

应用层是网络操作界面与用户的接口，可以将网络层传输的农产品等农作物虚拟信息转化为现实世界中的实际操作，主要包括农产品供应链物联网应用的农产品服务平台和农产品物联网支撑平台两个子层。农产品应用服务平台子层主要包括农产品环境监控，它与农产品的生产需求相结合最终实现人与物、物与物的紧密结合。农产品物联网支撑平台子层主要用于支撑农产品全产业链中的各环节跨系统、跨行业之间的信息共享。

依托部署在农产品生产现状的无线通信网络和各种传感器节点（包括环境温湿度、CO_2、土壤水分和图像等）可以实现农产品生产环境的智能感知、智能预警、智能分析与决策以及专家指导，最终为农作物生产提供专业化、标准化的种植，实现可视化管理与智能化决策。利用上述农产品物联网层次特征还可以将大量的农产品供应链各环节的传感器节点构成一个庞大的物联网监控网络，通过各种农产品有线或者无线传感器收集的信息帮助农户以及农户专业合作社及时发现问题所在。在这种生产技术条件下，农作物生产、加工、配送以及销售等将不再以人力劳动为核心，不再依赖单调机械的生产、流通和销售模式，而是逐渐转化为以信息化软件为中心的生产、加工、物流配送、仓储管理与销售模式，从而可以使用各种自动化、信息化以及远程化的农资设备。

（四）物联网三层次促进农产品供应链升级的联系

感知层主要是将各传感器获得的农产品等农作物生命体征实时转化为数据库中可处理的虚拟化信息。网络层主要是将感知层获取的农产品虚拟化信息通过网络设备上传至中继器，再通过无线设备与云计算上传至数据库，建立数据模型分析农作物生长、加工、物流等最佳条件，实施预警和远程化管理。应用层主要是将网络层上传的信息实践应用于农产品的生长、加工、物流以及销售，以此实现人与物、物与物的跨系统、跨行业的智能沟通。三者紧密相连，相辅相成，构成了农产品供应链中物联网的主体，进而实现物联网对农产品供应链升级的促进作用。

二、物联网促进农产品供应链升级的环节特征

物联网促进农产品供应链中各环节的智能化升级特征，主要包括物联网在农产品生产环节、物流配送环节、智能化仓储管理环节以及销售环节的特征，具体如下：

（一）物联网促进农产品生产环节升级的特征

将物联网应用在农产品生产种植系统控制中的环节特征如下：在农产品种植区域安装上相关智能控制器，如传感器等，对采集到的数据信息通过互联网等移动通信技术进行智能化分析，实现对农作物生长的温湿度、CO_2 浓度、pH 值等

的实时控制，实现精准农产品生产种植。

无线或者有线传感器技术可以实现对农作物生长种植的实时监控，通过对农作物相关信息的采集来确定农作物生长过程中存在的阻碍其生长的问题；通过农作物保温系统、光照以及灌溉系统等的顺利启动与应用，保证农作物的最佳生长环境，从而提高农产品种植生产环节的自动化、信息化水平和农产品的生产效率和质量。基于物联网的智能农产品种植系统由传感器、环境监控器、无线控制器、采集器和协调器五个部分组成。

（1）农产品种植监测环节的特征：利用各种传感器如土壤湿度传感器、空气浓度传感器、光照监测、空气湿度监测以及自动灌溉监测等实现对农作物生长环境中的土壤温湿度、光照强度、空气浓度以及自动灌溉等的实时监测。

（2）农产品数据采集环节的特征：通过采用方便、快捷、灵活的 ZigBee 无线发射模式，将在种植环节实时采集、监测的农产品的数据上传至 ZigBee 协调器节点。

（3）农产品网络传输环节的特征：该环节主要特征是将通过数据采集得到的相关农作物种植信息利用网络传送至对应的农产品信息存储服务器。

（4）农产品数据平台与信息控制系统的特征：农产品数据平台的主要特征是下达指令，这些指令是用于用户分析与决策的主要依据。而农产品信息控制系统主要由农产品机电执行器、继电器扩展模块和控制节点组成，其中农产品继电器可以自由控制农产品生产。

（二）物联网促进农产品物流配送环节升级的特征

基于物联网的农产品物流功能，可以实现以下几种功能：

1. 加强农产品在途环境监控，提高物流效率，降低运输成本

将 RFID 技术、无线传感器和 GPS 等物联网技术结合起来，实现对在途中农产品温湿度、空气浓度以及 pH 值的实时跟踪与监控。利用 EPC、RFID 以及不停车检测物联网技术，在农产品经过检测道口时就不需要拆开农产品包装，只要检阅 RFID 标签内容就可以实时了解相关农产品的属性数据，节约了检测时间与精力，提高了农产品物流效率。

利用 GIS 全球定位系统的强大功能，选取农产品物流运输的最优配送方案。利用 GPS 进行农产品物流运输的自身定位，更新农产品在途运输信息，并由 GSM 上传至农产品数据库监控中心实现信息数据资源共享，以方便相关人员把握农产品物流运输全局，提高了农产品物流效率，降低了物流运营成本，实现了农产品物流、信息流和价值流的高度统一。

2. 建立农产品质量安全追溯体系

通过 RFID 技术和条码扫描技术为农产品贴上可以作为唯一标志的 EPC 电子标签技术，利用无线数据通信技术和网络技术实现对农产品质量安全的信息化控制与管理，建立农产品质量安全追溯体系，形成绿色安全可视化消费的良好市

场氛围。

（三）物联网促进农产品智能仓储管理环节升级的特征

1. 物联网促进农产品仓储管理升级的系统流程

物联网促进农产品供应链仓储管理升级的系统流程可以采用国际上最先进的无线射频识别技术——RFID 技术，为仓库中的每件农产品提供一个 EPC 代码作为唯一标志，进而将农产品的相关属性数据存储在仓储服务器中，使该系统能够自动识别不同种类的虚拟农产品信息，对农产品出入库、盘存、挑拣与分发等流程的属性数据信息进行跟踪与监控。此外，该系统仓储车间还可以安装无线传感器，可以包括视频传感器、温湿度传感器以及烟雾传感器等并使这些无线传感器覆盖所有人工视线不能达到的盲区，这样工作人员就可以及时了解农产品的仓储情况，确保农产品仓储管理的安全性。

2. 物联网促进农产品仓储管理升级的系统组成

物联网促进农产品供应链仓储管理升级系统可以由农产品等食品的识别、信息采集、仓储农产品的实时监控、后台农产品处理相关信息服务器、本地农产品相关数据库服务器和农产品仓储业务系统六大模块组成。

在仓储农产品识别模块，系统可以采用唯一标志码——EPC 代码，作为物品的唯一识别码，为不同农产品贴上 RFID 标签，该 RFID 标签可以由天线和 EPC 硅芯片组成，标志在不同农产品上。EPC 代码内含一系列农产品属性信息，包括农产品 ID、农产品名称、农产品供应商、农产品产地、农产品生产日期、农产品入库时间、农产品货架号以及农产品类别等。这些属性信息存储在后台农产品数据服务器中，可以及时更新农产品在仓储内外转存数据信息。

在农产品信息采集模块，主要是通过无线射频识别——RFID 数据采集接口获知农产品的相关属性信息并进行详细处理。当这些农产品经过仓储车间入口时，设置在入口的农产品标签读写器就会读取这些将要入库的农产品的唯一标识码——EPC 代码，进而访问后台农产品服务器——EPCIS 服务器，获取相关农产品属性信息并存储到本地农产品对应的服务器数据库当中，最后由该系统进行相应操作处理。在相应农产品仓储车间入口处还可以安装可以进行不同农产品分类处理的读写器和不可读标签，将不能由仓储车间入口识别的农产品信息进行人工编码。

在仓储农产品实时监控模块，通过在农产品实时监控的仓储车间内外安装布置无线传感器，可以包括温湿度传感器、视频传感器和烟雾传感器等，使其覆盖所有人工不能看到的地方，通过该无线传感器网络和农产品仓储业务系统的互联互通，使仓储管理工作人员可以及时了解仓储车间的各类农产品仓储情况，如果发生异常以便及时处理。

后台农产品相关信息服务器主要用于存储农产品信息，如农产品 ID、农产品出入库时间、农产品类别和名称等。这些信息通过相应远程服务器请求，如生产、物流以及销售环节的服务器请求，从而使该农产品通过查询。

本地农产品仓储管理服务器用于存储农产品仓储信息采集处理模块所获得的相关农产品信息，以便在后续的农产品仓储业务系统中进行操作处理。该模块的工作人员可以通过 Web 客户端或者无线设备及时地了解农产品状态。

农产品仓储管理业务系统的功能除了农产品的出入库管理外，还包括农产品的在库管理。在库管理主要由农产品在库保管、在库查询和在库盘点等作业构成。

（四）物联网促进农产品销售环节升级的特征

基于物联网的农产品智能销售环节可分为以下四部分：

1. 农产品电子商务预订购系统

本系统采用开放式的会员注册，进行权限设置和下发订单生产与采购，使产出的农产品信息及时上传至网络，用户可通过团购形式订购产品。在此过程中，可以通过运用物联网技术进行农产品产地和出货的 EPC 标志追溯。通过物联网智能监控系统进行全程跟踪，可以在田间设置多个摄像头，并通过无线联网方式连接到驻点收购站和种植户，使农产品从源头生产、加工、物流配送以及销售等各环节均在客户的掌握之中，为用户提供与农产品市场相关的一些农产品价格、供求情况以及农产品等食品的安全追溯等信息或者详细的视频信息，使不同地区的消费者都可以实时跟踪监督。在该系统下，还可以要求国内外知名行家，根据产区的实际情况和有机农产品的国家标准制订规范，并下达到产区，使产区按照标准进行安全无公害的有机生产。

2. 生态终端感知管理系统

该系统的主要功能是通过 RFID 技术、GPS、二维码标签与读写器、无线传感器网络和识别器等技术将现实世界中大范围内的农产品生产信息通过无线传感器转化为可处理的虚拟世界的信息与数字。可以包括如下信息：农产品传感信息，如压力值、pH 值、土壤温湿度、二氧化碳浓度等；农产品属性信息，如农产品的名称、农产品价格以及特性等；农产品状态信息，如各种农产品相关测量仪器和设备等的工作参数；农产品地理位置信息，如不同农产品种类的农产品安排与感知所处的地理位置不同等。

3. 农产品数据传输系统

该系统是物联网促进农产品销售环节升级的神经中枢系统，其主要功能是将农产品信息采集模块采集到的相关农产品属性信息通过 GPRS 和 5G 等感知网层技术进行分类汇总，进而将各类农产品信息进行分类处理。

4. 农产品数字管理控制中心系统

农产品数字管理控制中心系统可以存放 GIS 技术涵盖的整个系统数据，该中心管理系统的农产品通信服务器将发送的农产品相关属性信息按照一定的格式存入农产品中心数据库，相应的其他系统可以根据实际需要从该中心数据库中提取农产品相关数据并进行处理，进而通过相应网络向外发布信息。中心管理系统可以采用 B/S 结构，客户端可以采用标准的 IE 浏览器，通过互联网或者局域网实现对中间应用层的访问，并且访问可以设置严格权限控制，但是可以不受时间空间限制。

第二节　物联网在农产品供应链优化升级中的实施方案

一、国外相关经验借鉴

目前，我国农产品供应链物联网整体上处于发展起步阶段。但是，对农产品供应链物联网也进行了探索，形成了一些值得借鉴的经验，当然在实践中也遇到了一些问题。

（一）美国：农产品供应链领域应用物联网的可追溯体系

目前，美国基于物联网的农产品供应链可追溯系统在世界上已是顶尖水平，其在基于物联网的农产品供应链的可追溯系统中有很多地方值得我们借鉴学习，包括对物联网农产品的信息识别、智能预警、政府限制、及时召回和现代化管理等。分析和研究美国基于物联网技术的农产品可追溯系统的成功经验对指导我国建设基于物联网的农产品供应链升级具有重要意义。

1. 美国食品质量安全追溯法律体系的顶层设计（立法方面）

美国国会立法委员会在 2002 年宣布的"生物反恐法案"将农产品食品质量安全危机意识的重要性升级到了国家安全的战略高度。

2. 参与方

据调查显示，在美国的食品质量安全监管体系和基于政府、著名企业、民间机构组成的物联网监管系统中，政府起到了相应的推动作用。而且，这些安全监管体系是相关的行业协会和民间机构自愿自发组织起来的，而正是这些政府、著名企业、行业协会、民间机构通过相互之间的协作与交流形成了一个完善的安全监管联盟式的组织系统。可追溯农产品和畜牧产品生态系统，亦是由诸多相关行业协会、农产品种植和畜牧养殖个体或组织、政府监管者和市场协调者等组成，建立从产品源头开始的生产、加工、销售一条龙信息跟踪和监管指导，通过对产品的所有相关信息进行跟踪记录并适时上传至数据处理中心，以便对可能出现的问题产品施行可追溯的工作计划。

3. 农产品供应链可追溯制度

美国农产品可追溯制度可分为三种，包括产品的生产、加工包装和运输销售等环节，并且三个追溯的系统在物联网农产品方面相辅相成地构成了一个完整且紧密结合的系统链条。在这个系统链条中任何一个环节出了问题，都能找到上一个环节的相关信息，从而在问题追溯方面起到立竿见影的效果。

4. 美国农产品供应链可追溯体系的实施效果

美国的农产品供应链可追溯体系针对食品安全管理问题形成严厉的处罚制度，并且对出现安全问题的产品实行严格的召回制度。当某种农产品被认为可能存在某些安全风险时，食品药品监督管理局（FDA）根据可追溯系统可以首先要求涉事企业进行自愿召回产品，而且其相关召回费用和造成的损失均由涉事企业承担。另外，一旦政府证实该农产品食品存在相关的质量安全等问题，除了涉事企业在召回存在安全问题的食品时花费巨额的费用外，由农产品物联网系统追溯到的相关企业等均会受到严重的惩罚。

（二）欧盟：农产品供应链领域应用物联网的可追溯体系[①]

在国外，相对于美国而言，欧盟是建立基于物联网的农产品供应链系统最早的地区之一。自从 1997 年欧洲疯牛病事件之后，在畜牧业牛肉和牛肉加工等方面的质量安全监管变得更加严厉和透明，经过一系列的措施和制度的建立，欧盟现已形成比较完善的基于物联网的农产品可追溯系统，不但涵盖面广泛，而且其社会反响和影响力极大。

1. 欧盟食品质量安全追溯法律体系的顶层设计（立法方面）

欧盟形成的以《第 178/2002 号法案》为核心的农产品等食品追溯法律体系，由两个层次构成：一层为基本规定，一层为具体法规和条款约束。

基于欧盟可追溯系统的法案制订出的主要条款与准则，既是其各成员国须遵守的最低标准，也是制定相关追溯法规等所需参考的母法，其各成员国根据本国的法律体系及法规自行制定农产品可追溯体系相关法律和细则。

2. 基于物联网的农产品供应链可追溯体系

欧盟在可追溯农产品的管理与操作方面运行得相对完善，并对农产品生长的各方面进行检测和分析，保证追本溯源地对基于物联网的农产品生长、加工、销售等方面进行全面掌握，以便对出现的质量安全等问题进行调查与管控。生产环节严格按照规定的生产流程进行生产，对相关农产品进行独有的身份配对，给予其唯一性的身份信息等。加工环节严格按照工作流程进行加工处理，并对基于物流网的农产品信息进行补充完善。销售环节严格把控服务终端的质量安全问题，对相关农产品信息进行必要的信息录入和建立高效完善的查询机制，以便对出现问题的农产品进行追溯调查，并制定相关问责制度。

3. 欧盟农产品安全生产法律法规和可追溯系统的实施效果

自欧盟公布相关农产品安全生产法律法规和可追溯的系统后，相关的监管和惩罚职能均得到相当大的改善。对管理者而言，会把日趋完善的农产品可追溯系统放在重要的位置，每周发布预警信息，对预警信息进行处理，一旦发现某一个

---

① 傅泽田. 生鲜农产品质量安全可追溯系统研究［M］. 北京：中国农业大学出版社，2012.

环节出现问题即可通过信息数据库和衔接紧密的可追溯系统一步步查询到问题的根源所在，从而一方面杜绝此类问题的重复发生，另一方面针对本次问题进行严格处理，对出现问题的产品进行销毁和强制召回等。

（三）日本：农产品供应链领域应用物联网的可追溯体系①

相对于美国和欧盟而言，中国和日本的农产品生产和销售都是以家庭为单位，其发散性较强，没有产业集群优势，存在小规模生产和大市场销售之间的矛盾。而相对我国，日本基于物联网的农产品可追溯体系做得有声有色，在此方面我国可以借鉴和学习日本的先进管理经验，构建中国特色的农产品生产、加工、物流以及销售模式，提高农产品全产业链效率，建立高效农产品供应链各环节应用物联网技术的质量安全和管理机制。

1. 日本食品安全管理方面相关法律法规体系的顶层设计（立法方面）

就整个亚洲而言，日本在食品安全管理方面相关法律法规体系较为健全，涉及质量安全问题的法律法规众多。《农林产品标准化与品质标签规范化法案（JAS法）》《农药取缔法》《农产品检疫法》《肥料控制法》《食品卫生法》《饲料安全法》《食品安全基本法》《畜肉检疫法》《疯牛病特别措施法》等均是日本在基于物联网的农产品质量问题中做出的突出贡献。其中，《JAS法》确立了农产品信息记录的标准和信息标签条形码的生成标准，并规定通过零售方式销售的食品必须贴上规范的质量标签，并在修订法规中加入保持可追踪记录的相关条款。《食品安全基本法》明确了食品业者、基层部门、政府在推动食品安全管理等方面的责任，条款8规定在食品供应销售的每个环节，食品从业人员必须采取措施并能提供准确完善的食品追溯信息。其他法律法规主要是在饲料、肥料、农药、检疫等方面确立了相关法律与规则，包含处理登记及相关记录保存在内的可追溯的条款。

2. 农产品供应链领域的可追溯

由于受农产品小生产与大市场矛盾的限制，日本农产品的相关流通渠道和环节迥异，因此很难全方位地进行农产品的安全监管，或多或少会出现安全性问题。为解决此问题，日本先后进行了制度建立和信息监管。首先，对于未进入农产品市场的农产品，日本实施了以农产品准入质量认证为核心的严格农产品市场监管与准入制度，进而实现对农产品供应链中各环节的不定期实时监测，树立了农产品品牌。其次，对已进入农产品市场的农产品进行可追溯管理。在生产环节，日本相关农产品企业为不同的农产品建立了独有的可以用于唯一标志的"身份证"。这个"身份证"信息可以包括农产品的产地、农药与化肥情况、收获日期等。在流通甚至销售环节，如果不正规农资企业加入了添加剂或者激素等，这些信息就会被记录到与上述农产品"身份证"对应的数据库内。农产品供应链领

---

① 丁俊发主编. 供应链国家战略［M］. 北京：中国铁道出版社，2018.

域的可追溯管理模式可以保证农产品生产、加工、物流以及销售等各环节的信息的时效性与真实性，尤其在零售终端，不同农产品都有一个醒目的"身份"与其对应，以便消费者可以通过网络及时查询所购买产品的相关信息，确保从一而终的安全。终端超市亦须向顾客提供结算小票，小票上附上产品的身份号码，可以为顾客提供查询和检验该产品的相关数据信息。

3. 日本农产品安全管理方面的实施效果

在日本，基于物联网的农产品直销渠道中，安全管理方面的管控是从生产、加工、包装等阶段对产品进行严格管理，并且要求经手人必须在供货产品的包装上印上相关生产或加工者的姓名、电话及其他相关信息，实行终身负责制，保证可追溯，以此来提高农户对产品的安全责任意识。

二、应用物联网促进农产品供应链升级的方案设计

（一）基于物联网的农产品供应链升级思路与基本原则

1. 主要思路

农产品供应链的物联网建设要紧密把握国家大力发展物联网、培育物联网等战略性政策。新兴农产品产业的历史机遇，以顶层设计为统揽，以平台建设为基础，以示范基地为依托，以推广应用为重点，以实现农产品全供应链物联网为目标，以政策的大力支持为动力，坚持政府扶持、部门合作以及农产品供应链的信息资源的共享，加强农产品供应链物联网应用开发，实现农民增产增收、农产品质量可追溯性和食品质量安全，提升农产品生产经营效率和效益。

2. 基本要求

农产品供应链的物联网建设要符合"四全"要求，就是要求农产品供应链的发展模式要全新，农产品全产业链物联网技术要全程贯穿，农产品物联网的理论、标准、制度与技术要全面建设，各种试点示范、技术攻关理论与实践以及标准制定要全面推动。最终大力提升农产品生产经营精准化、智能化和信息化水平，为加快建设基于物联网的农产品全产业链提供有力支撑。

3. 基本原则

一要坚持看得见的市场导向这双手与政府推动这双手的紧密结合。根据市场在资源配置中的基础性作用，根据市场建设农产品物联网产业链。充分发挥政府在推动农产品供应链物联网升级中的作用，在资金引导、制度创新、体制创新、环境营造等方面做好顶层设计，加强规划指导，加大扶持力度，为农产品供应链物联网升级创造灵活的政策环境，要加强体制创新，支持有关科研单位和企业参与农产品供应链升级的物联网工作，加快形成市场化运行推进机制。

二要坚持整体推进与重点突破相结合。结合农产品实际现状，在示范县、现代农产品示范区、龙头企业、种养大户以及专业合作社中先行探索农产品供应链应用物联网的模式与主体，发挥示范作用。同时，积极建设农产品供应链的物联

网工程、技术攻关理论和标准以及农产品供应链物联网技术的广泛推广与应用，实现全程覆盖农产品供应链各环节，全面服务农产品生产经营者和消费者等群体。

三要坚持产学研用相结合。积极发挥有关农产品供应链物联网技术的教育部门、科研部门与应用部门的作用，推进资源整合，集中产学研等各方面的力量积极建设农产品供应链的物联网工程。坚持农产品供应链物联网技术与农产品物联网专家的紧密结合，促进农产品供应链的智能化发展，提高物联网服务于农产品供应链升级的实效性与针对性。

（二）物联网在农产品供应链升级中的实施方案

物联网在农产品供应链各环节的升级方案主要包括物联网在农产品生产环境监测系统、农产品信息档案系统、农产品物流环境监控系统、农产品智能化远程仓库监护系统、农产品销售系统以及农产品数据与监控中心的具体应用设计。

1. 物联网在农产品生产环境监测系统中的设计

农产品生产环境监测物联网系统是由农产品生产环境的无线传感网络、互联网或者移动通信网、数据库与监控中心组成。首先，利用无线传感网络节点采集农作物生长环境，将采集到的农作物生长信息通过移动通信网上传至农产品数据库与生产监控中心。然后，农产品生产监控中心工作人员根据数据库与生产监控中心农作物生长信息的变化，实时调节农作物生长所需要的氮、磷、钾等微量元素以及光照、水分、化肥等的使用情况，从农作物的生长源头就开始确保农产品最适宜的生长环境。最后，将这些调节滞后的农作物信息也上传至农产品数据库与生产监控中心，实时更新原来的数据信息并作为农产品唯一标识电子标签信息，为消费者进行农产品等食品质量安全的识别和确认提供必要的数据支持。

2. 物联网在农产品信息档案系统中的设计

农产品信息档案系统是由农产品加工配送中心将农产品产地生长信息如生产时间、生产商、技术标准等信息以及相应的农产品品牌等信息形成农产品信息档案，并将其形成电子标签附属在农产品上，最终进入零售终端领域，将电子标签上的信息作为终端消费者进行农产品等食品质量安全溯源识别与确认的必要依据。

3. 物联网在农产品物流环境监控系统中的设计

在农产品物流环境监控系统中应用 GPS 车载终端，对农产品供应链中的运输车辆进行跟踪与监控。应用 GPS 全球定位系统等客户端监控手段，实施车辆物流监控等措施。在相关物流车辆上利用 GPS 设备、无线传感器网络和 RFID 技术以及移动互联网，实现对车辆资源的有效跟踪、定位、监控，进而实现对车辆监控的智能可视化。基于上述物联网技术不仅可以随时查看物流车辆配送农产品的安全行驶轨迹，而且可以实时监测农产品物流环节中农产品储存的温湿度以及气压等参数的变化，最后将这些参数数据上传到数据库与监控中心。由中心管理人员根据数据库中农产品物流的参数，对远程农产品物流环境进行调控，使农产品在最佳物流环境中运输，确保农产品在物流运输环节中的质量安全的同时，客户可以通过手机 WAP 终端系统，实时查询农产品的运输状态以及相关物流参数，一旦出现特殊情况可以及时发布预警信息。

4．物联网在农产品智能化远程仓库监护系统中的设计

通过农产品物联网技术可以实时远程监控仓库的温湿度等指标，并将相关数据和影像上传至中心服务端，实现对目标仓库中农产品安全仓储设施的一体化控制。不同地区的仓管员可以通过互联网、手机终端实时查看仓储农产品情况，一旦发生诸如偷窃、火灾、农产品温湿度不稳定等对农产品仓储环境的不利指标，就可以直接启动仓库监控报警系统，使相关人员及时处理危险情况。

该系统不仅可以提高劳动生产率，节约人力资源，而且可以提高工作效率与远程仓库运营过程的透明度，因此也就有效保证了农产品的质量安全与品质。

5．物联网在农产品销售系统中的设计

基于物联网的农产品销售系统，一般是借助于特定终端系统，以 C/S 或者 B/S 模式由消费者或者第三方质检部门通过互联网、手机或者超市等终端进行农产品的质量安全追溯。该环节可以按照农产品的生产流程进行设计，并按照基于 RFID 标签技术的农产品可追溯系统将该系统分为农产品生产、加工和流通三个环节。在以上环节中，不同的农产品附上 RFID 标签，通过 RFID 标签技术和无线传感实时采集、传输农产品相关信息并最终形成档案存储在农产品销售物联网数据库中。

在销售环节，零售商将无线射频识别信息——RFID 标签复制到不同农产品条码上，生成不同农产品销售的唯一标识溯源码，作为消费者可凭借购买的这些农产品小票通过相关网络、手机终端或者超市终端等方式查询农产品溯源信息。这不仅使消费者更加便利地鉴别农产品生产、加工、流通等环节的信息，同时有效地防止了假冒伪劣农产品的冲击，增加了消费者认知度与信任感，提升了产品的美誉度，从而树立良好的品牌形象。

6．物联网在农产品数据与监控中心中的设计

物联网的数据与监控中心是由农产品生长环境监控平台、农产品物流环境监控平台、农产品数据中心服务器及相关数据库组成的。基于物联网技术的农产品数据库管理人员可通过这些监控平台，实时监控农产品生长信息及物流信息。再根据农产品生长与物流环节参数的改变对农产品生长环境及物流环境实施远程控制，以保证农产品在最佳状态中生长与运输，确保农产品质量安全。最后，再将这些改变并实时更新的农产品生长、物流数据存储在数据库中，为农产品质量安全溯源提供支持。

第三节　保障基于物联网的农产品供应链优化升级的措施

利用物联网实现农产品供应链的智能化升级，体现了农产品市场安全体系的智能化和农产品现代科学技术与管理信息化的双重要求。根据我国农产品供应链的实际情况，顺利实施该项升级还需做如下制度和措施的保障。

一、加大对农产品供应链物联网技术的研发、推广和投入

要使物联网技术在农产品供应链中顺利实施，不但要加大对农产品供应链物联网技术的研发，而且要努力降低农产品供应链物联网技术产品的相关成本。近年来，虽然我国涉足物联网技术的企业不在少数，但在技术成本和先进性方面与其他国家相比差距还很大。这就需要我国大力开展无线与有线传感器技术、RFID技术、GPS技术、高分辨率对地观测技术、EPC技术以及光纤传感技术等技术的研发，同时推动政企、行业协会以及产学研机构制定物联网技术相关标准并有效实施，政府还要出台相应的政策措施扶持上述企业、行业协会以及科研机构共同进行农产品供应链技术平台的物联网智能化建设。通过对EPC技术、红外感应器技术、RFID技术、GPS技术和激光扫描器等技术的研发、推广，最终将这些技术投入农产品供应链各环节当中，实现农产品供应链各环节安全追溯，确保农产品等食品质量安全信息方便、快捷、灵活地传输和收集；按照不同农产品物联网层次特征与协议，把相关农产品供应链中的信息与物联网技术连接起来，通过这些技术设备与农产品设备进行有效信息处理和传递，建立统一的农产品供应链物联网智能系统，包括农产品信息读入系统、农产品信息资源传输与共享系统、农产品自动化、智能化人工预警系统以及农产品供应链的信息集成系统，实现农产品供应链安全信息的有效跟踪与管理。通过物联网技术信息的有效整合，实现基于物联网技术的农产品供应链的智能现代化，保证食品质量安全。

二、加强农产品供应链信息化平台建设并实现安全追溯

首先，在农产品全产业链各环节的企业之间建立新型网络商务信息化平台，并将该平台逐步推广，使其在农产品全产业链各环节中得到广泛应用。其次，针对不同农产品和农产品供应链不同环节的特征，将农产品供应链各环节的相关信息通过电子标签写入农产品责任信息，也就是所谓的"无源电子安全标签"。最后，通过RFID技术、无线传感器、激光扫描器等物联网技术，对农产品责任信息进行识别、采集与处理，形成基于物联网技术的自动化、智能化的农产品供应链信息数据库，实现高效的农产品供应链信息化安全追溯体系，确保农产品等食品的质量安全。

三、加强农产品供应链质量安全机制建设

基于物联网技术的农产品供应链过程不仅是一个商业过程，也是一个庞大的社会公益过程，农产品供应链的安全监管不能单单由政府部门监管，还需要社会集体的共同监管。但是，企业、政府和监管部门之间存在着不同的利益取向与价值取向，这就要求在由政府部门牵头构建基于物联网的农产品供应链信息化建设工作的同时确保社会公众价值取向，明确各方权责，形成多方联动、共同参与的机制。这种由政府牵头、社会公众集体积极参与的机制将有利于减少农产品供应链上的质量安全与道德风险问题。

四、加快农产品供应链升级物联网监管模式的示范和推广

首先，加快基于物联网技术的农产品供应链监管模式的示范与推广，需要大量的资金支持，这就需要国家发改委、农产品部门和工业信息化部门对有关农产品供应链物联网项目进行积极的资金支持，大力扶持物联网在农产品供应链升级领域监控示范项目的应用与推广。其次，要求农资企业积极参与，为农产品供应链升级的物联网监控模式建设起到示范效应。最后，通过努力提高物联网技术转化率，解决农产品供应链升级的物联网技术难题，达到以点带面的目的，实现物联网技术顺利服务于农产品供应链升级的目标。

五、加大对农产品供应链物联网推广应用的投融资力度

首先，要创新农产品供应链升级的资金筹集方式，这就要求我们积极调整资金筹融资结构，给予农产品供应链配套的资金支持并重点扶持农产品供应链物联网核心技术的研发、推广。其次，整合民间的农产品供应链的物联网投资基金，积极设立农产品供应链物联网投资机构，吸引国内外分散的风险投资基金向农产品供应链的物联网应用领域集中，创造有利于农资企业应用、推广物联网的融资环境。再次，政府和金融部门要积极推动并建立政银企融资信息平台，充分利用智能化农资物联网企业与传统农资企业的各种宣传工具和传媒手段，优化农产品供应链物联网产品的投融资环境。最后，政府还要发挥政策导向作用，积极利用担保、贴息等新型融资方式引导各方面的社会闲置资金支持传统农资企业开发、利用物联网产品，以带动更多的社会资金支持农产品供应链物联网技术的大力推广与应用。

六、发挥财税政策对促进农产品供应链物联网建设应用的作用

首先，要用好、用活农产品供应链物联网建设的财税优惠政策，特别是近年来的增值税转型政策在农产品供应链物联网改造升级中的应用。其次，发挥农资

企业加计扣除税收政策的贯彻落实并加强对该政策落实情况的监督。再次，为农产品供应链物联网产业化和科技成果项目提供必要的贴息支持，引导和扶持物联网农产品供应链各环节企业开展自主创新活动；对农产品供应链的物联网农资企业从事开发、转让的技术以及与农产品物联网技术相关的技术咨询与服务取得的收入，免征营业税。最后，农产品供应链物联网建设各环节中的企业所需要的一些进口软件、配套硬件与设备，只要符合国家财税优惠政策的，应一律免征关税和进口增值税。

七、加快引进和培养基于物联网的农产品供应链创新型人才

农产品供应链物联网技术集农业、电子网络、移动通信软件以及自动控制等多项技术于一体，需要高端复合型人才，而这样的高端复合型人才资源在农产品甚至农业领域非常短缺，作为兴起不久的物联网，各大高校还很少开设相关的专业与课程，人才培养严重落后。

鉴于以上原因，首先，有关高校应加快部署农产品供应链物联网学科，积极主动设置农产品供应链物联网相关专业和课程。其次，农产品供应链各环节的农资企业应该采取定向、委培等形式加快农产品物联网研发、实用人才的培养。最后，积极探索风险投资合伙制、基金等方式，培育基于物联网的农产品供应链风险投资家和经理人。

第十章　基于多属性群决策的农产品供应链质量安全风险评估

第一节　农产品供应链质量安全风险评估概述

一、农产品供应链质量安全风险评估的作用

农产品供应链质量安全风险评估侧重从农产品生产、加工、物流、销售等环节中发现农产品质量安全问题的隐患，预防农产品质量安全问题的出现。农产品供应链质量安全风险评估不同于农产品质量安全风险评估，但二者之间有密切的关系。

农产品质量安全风险评估关注的是农产品质量安全方面存在的农兽药残留、重金属、生物毒素、病原微生物、外源添加物（包括防腐剂、保鲜剂和添加剂）、客观存在尚不知道的其他危害因子等六大危害因子的识别、甄别、鉴定、评价和农产品质量安全营养功能及动植物、微生物产品中相关活性物质的评定。农产品质量安全风险评估的目的是探测农产品质量安全方面的未知危害因子种类，评价已知危害因子的危害程度，为农产品供应链质量安全监管重点的锁定、农产品质量安全标准的修制订、生产的科学指导、消费的正确引导、及时的科普宣传、突发问题的应急处置、准确的科学研究、公正的国际贸易技术措施评定以及各种有关农产品质量安全的质疑、谣传、说法、猜想、"潜规则"的识别提供科学数据和技术依据。

随着我国农产品质量监管从前些年的突出问题专项整治迈入多因子、全过程、"科学管理、依法监督"的新阶段，有重点、有目的和有计划地对农产品供应链所有过程中的质量安全风险进行有效控制，已成为一种共识和必然趋势。因此，对农产品种植养殖过程、加工过程、物流过程、销售过程中存在的未知与已知的风险进行系统的、全面的、持续的风险评估，揭示农产品供应链质量安全风险隐患发生发展的客观规律，作为一种有效预防农产品质量安全问题的手段，是对我国农产品质量安全进行科学管理、依法监督的必然选择和现实需要，是防控农产品质量安全风险的有效途径之一。

二、农产品供应链质量安全风险来源

农产品供应链质量安全风险存在于农产品供应链的种植环节、养殖环节、加

工环节、物流环节以及零售环节等。风险主要来源于技术、管理、环境等方面。

1. 技术风险

无论是农户，还是农产品加工企业，抑或农产品物流服务商和销售商，都必须具备相关的农产品质量安全知识与技术以避免给农产品带来生物性或化学性污染。因农产品质量安全问题主要产生于种植、养殖阶段，故源头的质量安全控制技术成为研究重点。

2. 管理风险

由于管理不当或操作不按标准、规范去做而对农产品质量安全产生隐患，如化学性污染，即在生产、加工过程中不合理使用化学合成物质而对农产品质量安全产生危害。如使用禁用农药，过量、过频使用农药、兽药、渔药、添加剂等造成的有毒有害物质残留污染。该污染可以通过标准化生产以及严厉打击各种违规违法行为进行控制。

3. 环境风险

环境风险来源于自然环境和社会环境两方面。自然环境是指农产品产地环境中的污染物对农产品质量安全产生的危害，主要包括产地环境中水、土、气的污染，如灌溉水、土壤、大气中的重金属超标等。产地环境污染治理难度最大，需要通过净化产地环境或调整种养品种等措施加以解决。社会环境带来的风险是指政策环境的变化会给农产品的生产销售带来影响。如质量安全市场准入制度、农产品监督检测等政策法规若发生变化，会影响农产品的生产、加工及销售，进而影响农产品的质量安全。

三、多属性群决策评价方法简介

元继学指出群决策是研究一个群体如何共同进行一项联合行动的抉择，它要解决的问题主要侧重于集结一个群体中每个人的偏好，以形成群的偏好，然后根据群的偏好对一集方案进行排序，从中选择群体最偏爱的方案[①]。多属性群决策过程是在多个属性条件下多人对多个方案进行决策的过程，大体可分为评价准备阶段、获取决策人偏好信息阶段、数据分析阶段和集结群体意见达成共识阶段。许多学者对集结专家决策信息的方法进行了深入研究，集结群体信息之前进行群体意见一致性分析的研究相对较少。

多属性群决策研究的内容属于集体决策中的专家判断和群体参与领域。研究这种环境下的群决策方法，要以一些假设为前提。首先，决策者本身是理性主体。决策者都是具有一定资历的专家，他们对决策问题的判断和评价受自己的经验、知识、信息的影响，决策问题同他们自身利益联系不是非常紧密的，他们的决策在自身条件的基础上是公正的、合理的。其次，决策问题的指标体系已经建立，决策方案已经拟订。决策者进行决策时已经明确了决策指标集、方案集、专

① 元继学. 多属性群决策理论与方法 [M]. 北京：经济日报出版社，2010.

家集等一些信息，不对指标体系的建立、方案集的确定提出疑义。

当然，多数情况下，方案集是由决策组织机构或部门通过集体讨论拟订的，在决策过程中一般不进行更改。

第二节　农产品供应链质量安全风险识别

一、农产品种植过程质量安全风险识别

民以食为天，食以安为先。但近年来曝光的大量问题食品把我国农产品质量安全问题推到了风口浪尖，农产品作为食品供应链的源头，若存在质量问题则会不可避免地传递给下游企业。这些农产品一部分由田间直接走向消费环节，例如水果、蔬菜、海产品等；另一部分则作为原材料进入食品加工环节，最后进入消费环节。作为食品供应链的源头，不管是直接进入消费环节，还是进入加工环节，农产品的安全性直接决定了最终消费产品的安全性。因此，有必要对农产品种植过程中的质量安全风险进行有效、科学的预测和评估，以便采取有效措施规避或消除质量安全风险，实现农产品的安全供应。

当前，我国农户的特点是规模小、数量大、分布广、总体素质偏低、市场意识薄弱，在大多数农产品种养过程中采取的是粗放式作业，农产品损失程度高，质量安全隐患严重，各种质量安全风险因素较多。农产品种植过程中面临的质量安全风险可分为设备风险、技术风险、管理风险和环境风险四部分。

1. 设备风险

由于全球经济一体化进程不断加快，我国农业和农村经济发展也进入了一个关键时期，只有加快现代化进程才能在国际竞争中立于不败之地，要想实现农业现代化必须加强农业机械化建设，提高机械化设备的综合水平，从而提高劳动生产率，降低生产成本，提高产品质量，增加农民收入。但我国农业机械发展滞后，农机设备虽呈现多样化趋势，但品种不多，质量不稳定，动力机具多，作业机具少，机具配套低，小型机具多，大中型机具跟不上发展的需要，缺少适用机具，产品的可靠性、耐久性、安全性、舒适性、产品整体构造质量等与发达国家差距较大。设备的不完善在一定程度上增加了农产品在种植过程中的质量安全风险。

（1）种植设备故障。农产品种植设备一般包括农用动力机械、农田建设机械、土壤耕作机械、种植和施肥机械、植物保护机械、农田排灌机械、作物收获机械、农业运输机械等。随着农业机械保有量的快速增长以及农机服务领域的不断拓展，农业机械的功率越来越大，产品结构和操作也日渐复杂，同时由于作业人员的素质普遍偏低以及我国农机安全管理制度的欠缺，农机安全隐患凸显，农业机械风险日渐突出。

（2）检测设备故障。现代化农业已逐渐采用自动化的监测控制技术，对工作

部件和作业质量进行实时监测和控制。随着播种、施肥等机械向大型化和复杂化方向发展，单靠机械操作人员对机械各部分的技术状态和工作情况进行观察已经不能满足机械作业要求，必须对各主要工作部件进行实时监测，发生故障及时报警。同时，对一些靠人工很难精准控制的操作机构引入自动控制单元，保证机器的作业质量和效率。一旦检测设备出现故障，会影响检测结果的真实性而不能准确把握农产品的质量，进而造成入市产品的质量安全风险。

（3）消毒设备故障。高密度栽培及同一地块上连年种植作物，使得土传病害、病原菌得以不断积累、生长和繁殖。但是国内农用栽培消毒机械和设备发展缓慢、作业机械应用较少、作业机具配套水平不高，这类病害如果不及时加以控制，会造成严重减产或降低产品质量。

2. 技术风险

（1）种植技术。科学的种植技术有利于保护资源、培肥地力，维护农田生态平衡；有利于充分利用自然资源和社会经济资源；有利于协调种植业内部各种作物之间的关系，达到多种农作物全面持续增产；同时还能满足国家、地方和农户的农产品需求，增加农民收入的同时，提高农业生产效率。

（2）检测技术。由于长期以来主要关注数量增长，我国农产品质量问题一直未受到重视。从鸡蛋出口被阻开始，我国检验检疫部门才开始了解并研究农药残留问题。多年以来，一直是国外提出某项技术壁垒，国内才开始着手建立相关标准。从我国的农产品检测技术来看，属于传统的检测方法和技术，检测速度慢、费用高，往往是出现了质量问题，才查找原因，重新检测，难以在生产线上在线检测。检测技术是否有保障，是否按照国家规定的方法检测，是决定检测结果准确与否的重要依据。

（3）消毒技术。农业高密度和多年连作栽培会加剧土壤传播病虫害，出现连作障碍，造成果菜和花卉产量下降、品质低下，甚至绝收。土壤消毒是解决土壤传播病虫害的有效方法之一。所谓土壤消毒是利用物理方法或化学方法处理土壤，以达到控制土壤病虫害，克服土壤连作障碍，保证设施栽培生产高产、优质的目的。一般消毒技术有化学消毒法即化学药剂消毒法，常用药剂包括40％的福尔马林、氯化苦和溴甲烷等；物理消毒法主要指太阳能加热消毒法、蒸汽消毒法和热水消毒法。消毒方法的正确与否，是决定种植环境是否健康的重要依据①。

3. 管理风险

（1）农药、激素及添加剂安全。为了满足消费者对农产品在种类和数量上的要求，企业不断寻求和研发新技术，而新技术和新方法的过度使用（如杀虫剂、激素、抗生素和转基因技术等），使得农产品在种植过程中，不同程度地受到农药、化肥、工业"三废"污染，一些地下加工厂在加工制造过程中乱用添加剂和防腐剂，给人们的健康造成严重隐患。农产品种植过程中使用的农药、激素及添

---

① 杨银书，罗芳主编. 现场消毒技术［M］. 兰州：甘肃科学技术出版社，2017.

加剂等的质量安全及其用量的多少直接关系到农产品的质量安全。

（2）种植环境清洁和消毒。环境污染、生态破坏可使一些有毒有害物质经过水、土壤、肥料进入作物体内并聚集起来，使其含有超量的有毒、有害成分，而为了弥补生态环境恶化的负面影响，生产上又多求助于农药、化肥、抗生素、激素等，以达到抑病增产的目的，形成恶性循环。种植环境的清洁和消毒管理是否到位，将影响农产品的质量[1]。若清洁和消毒管理不到位，易导致农产品产量和安全水平下降。

（3）过程记录。种植过程的记录有助于种植过程的监控、追查、统计总结和种植环节管理水平的提高。建立农产品种植信息追溯系统，通过企业、政府有关部门为追溯系统提供种植环境、种植品种、种植技术、种植管理等过程数据，经专业化收集、整合，构成农产品种植追溯信息系统的核心内容，实现了对农产品种植全过程的记录。若种植过程中不记录或记录不全，将不能保证农产品的质量安全[2]。

4. 环境风险

（1）生态环境[3]。我国农业生态环境存在很多问题。首先，水土是农业的基础，水土流失、土地沙化，使土壤中大量的氮、磷、钾等营养成分丧失，使土地变得贫瘠甚至荒废；农业水资源被污染，影响了农业灌溉，破坏了农业生态；对森林的乱砍滥伐、对草地的盲目开垦，使森林、草地调节气候、涵养水源、防止水土流失与荒漠化的能力减弱。工业"三废"未经处理就直接排放，使农业耕地发生大面积板结，导致农业资源总量的减少和质量下降。其次，农业生物多样性安全受到严重威胁，农产品质量下降，人们的生活质量受到严重影响。农业生态环境是一个复杂的系统，维护它的平衡极为重要，保持农业生物多样性是维护农业生态平衡的基础。最后，由于土壤成分的改变和化肥、农药等在农产品中的大量残留，使一些本来应给人体增加营养的农产品变成了携毒品，农产品质量等级下降，极大地影响了人们的身心健康和生活质量。

（2）政府监管力度。农产品安全监管涉及面广、专业性强，基层管理还缺乏有效的技术支撑，农产品质量检测与实际要求差距较大。目前比较常用的监管手段就是抽样检测，包括快速检测、定性检测以及定量检测。快速定性检测项目少、误差大，可能导致误判，损害被检测者的利益，难以全面评定农产品安全。而定量检测时间长、费用高、时效性不强，由于农产品的流通很快，等检测结果出来时农产品早已销售出去并可能已造成危害，检测结果往往只能作为事后警告或责任追究的依据。政府的监管力度会影响农产品的质量，若政府监管力度不够

---

① 唐政. 有机种植体系的农学及环境效应研究［M］. 长春：吉林大学出版社，2019.

② 胡盛新，余文畅，胡光灿主编. 现代农产品质量安全实用技术问答［M］. 武汉：湖北科学技术出版社，2019.

③ 陈阜，隋鹏主编. 农业生态学 第3版［M］. 北京：中国农业大学出版社，2019.

将会影响农产品的安全[①]。

（3）政策法规。政策法规首先要明确针对农产品种植环节进行约束的作用、手段、目标、实施主体、实施对象、实施程序、责任、救济、赔偿等，以期对实施、保障、规范农产品种植行为提供必要的法律依据。因此，现行政策法规是否能有效地规范种植行为是决定农产品质量安全的重要因素[②]。

二、农产品养殖过程质量安全风险识别

目前，我国农村养殖业得到迅速发展，规模化、集约化养殖正逐步壮大，农村散养户逐年减少，有利于养殖业的长远发展。但我国现阶段农村养殖业还处于竞争发展状态，限于养殖者的专业素质和养殖理念，农村养殖业的风险既有外部的自然、市场等因素，也有养殖内部的因素，都造成养殖业效益比较低。因此，养殖户必须遵循自然规律和市场规律，按照以预防为主、防治并举的原则，采取综合防治，这样既有利于建立养殖户收入稳步增长的长效机制，也有利于动物安全和生态安全，更有利于保护城乡广大消费者的利益。所以，评估养殖风险对提高农产品质量具有重要的现实意义和战略意义[③]。

1. 仔畜禽或种苗来源风险

仔畜禽或种苗是进行健康养殖的第一道关口，优良的品种意味着优越的生产性能及较好的健康水平。种苗的状况直接关系到健康养殖的全过程。专业化的种苗场或孵化场在仔畜禽或种苗的培育上具有资源和技术优势，因此专业化的种苗场有能力使其提供的种苗符合健康养殖的要求。

2. 饲料来源及安全性风险

饲料和饵料是安全生产最重要的保证之一，是实行健康养殖的关键，它贯穿于动物生长的全过程，对养殖业的影响是全方位的，即包括养殖业自身的产品安全和对环境的安全。如果饲料或饵料本身就是不安全的，比如饲料或饵料中含有不符合国家规定的成分甚至是违禁药品，期望生产出无公害或健康的动物产品是不现实的，严重的还可能损害人类自身的健康。另外，饲料发生霉变或受到微生物污染，微量元素添加过量引起重金属污染和中毒，饲料原料受到化学性污染等诸多因素都是影响畜产品安全的重要因素[④]。一些对人体影响较大的兽药及药物添加剂仍然在大量使用，虽然养殖过程中在饲料或饵料中加入必需的药物或抗生

---

① 赖永波. 农产品质量安全监管绩效影响效应研究［M］. 厦门：厦门大学出版社，2017.

② 辜松. 蔬菜工厂化嫁接育苗生产装备与技术［M］. 北京：中国农业出版社，2006.

③ 辽宁省畜产品安全监察所. 畜产品安全监督指南［M］. 沈阳：辽宁科学技术出版社，2018.

④ 孙振钧. 生态循环养殖模式暨畜禽养殖废弃物资源化利用技术［M］. 北京：中国农业大学出版社，2018.

素对动物和人是没有危害的，但过量添加就会产生副作用。

3. 养殖场排泄物风险

由于传统的畜牧养殖业污染主要包括畜禽粪便未经无害化处理直接排放对环境造成的污染，所以养殖过程中废弃物的排放及其处理方式是应该重点关注的养殖行为之一。水产养殖造成环境污染主要有三种途径：残饵残留、生物排泄物、药物残留。废弃饵料及水产生物的排泄物一方面可以通过水循环污染环境；另一方面通过污染的水环境传递给水产养殖生物，进而形成水产品的不安全。因此，废弃饵料及排泄物的处理方式是健康养殖的重要方面。

4. 养殖技术缺乏及管理不善风险①

养殖业对技术的要求较高，饲养人员不仅要严谨、勤劳，还要熟悉养殖产品的卫生标准、疾病预防标准、常见疾病的治疗方法，这对于知识结构相对偏低的养殖户挑战较大。大多数中小型养殖户（场）没有专业的技术人员，对现代化养殖业没有系统的管理措施，也不会管理，存在着防疫保健跟不上、饲料浪费大、药物乱用滥用、环境污染严重、没有生物安全意识等诸多问题。

5. 疫情风险

随着国际贸易交流的发展，动物传染病如今在地理学上比历史上任何时期传播的速度都要快，动物疫病的变化和动物保健品的广泛应用使危害畜产品质量安全的因素不断增加。如果处理不当，很多动物疫病可以从畜禽产品直接传染给人，即人畜共患病，如布鲁氏菌病、结核病、禽流感、猪囊虫病、猪流感、血吸虫病等。即使动物所固有的非人畜共患病，如猪瘟、鸡新城疫等不直接感染人，但其分解的毒素也会引起人的食物中毒。因动物疫病可以使畜产品携带细菌、病毒或寄生虫引起人发病、死亡，所以不容忽视。在现实生活中，一些不法商贩为了谋求暴利，把患有疾病的畜禽私自宰杀后上市销售，这不仅危害了畜牧业的健康发展，也严重危害了人们的身体健康。

三、农产品加工过程质量安全风险识别

农产品加工企业是介于农业与工业之间的组织形式，是农业产业化的核心，是现代农业的重要承担者。改革开放四十多年以来，我国农产品加工企业正呈现出数量飞速增长、质量大幅提升、产品日趋多元化的良好势头，但是在农产品加工企业管理理论不断丰富，农产品加工企业经济飞速发展的同时，许多制约农产品加工企业进一步发展的突出问题也纷纷暴露出来。为了保证农产品加工企业的高成功率，必须对农产品加工企业进行风险管理。企业风险管理是企业运作过程中识别和评估风险、管理和解决风险的一种管理手段。其中，风险的识别尤其关键。在这种情况下，加强对农产品加工企业管理的研究，积极发展农产品加工业，提高农产品加工企业管理水平，对于提高农业效益、增加农民收入、增强农

---

① 宁夏科学技术协会. 养殖技术［M］. 银川：阳光出版社，2019.

业国际竞争力具有重要的意义。

1. 原材料及添加剂风险

各农产品加工企业均需要以农产品为主要原材料，同时还有各类食品添加剂。农产品价格随季节气候变化起伏较大，往往造成制成品售价很高，但带来的利润却低的情况，使得加工企业采购不合格原材料，进行二次加工，以次充好。添加剂和防腐剂的滥用更增加了农产品的危险性，有些不法商人为了使成本最低，产生利润最大，在农产品添加剂的安全控制上不把关，即使国家有相关规定，但为了自身的利益，企业也不去执行，使农产品安全系数下降，大规模生产后就容易产生污染并蔓延。

2. 设备及工艺风险

农产品加工过程每个部分在运行中都有自己的技术指标和技术规程，尤其对于农产品这类与人们的日常生活关系紧密的产品有严格的国家标准。但是，由于我国大多数农产品加工企业设备简陋、技术落后，陈旧过时的生产加工设备容易遭到微生物等有害物质的污染。包装中使用不合格包装物、过量使用保鲜剂等，都导致了农产品在加工环节出现质量问题。

3. 加工场地条件不达标风险

目前我国很大一部分地区的屠宰场由于规模小，受场地设施设备的限制，屠宰、储藏等条件欠佳，加工后的废弃物、污水、粪便等不能及时处理造成微生物污染二次污染。

四、农产品物流过程质量安全风险识别

我国是农业大国，自然地理条件决定了农产品品种多、数量大。这些商品除部分农民自用外，大部分商品需要物流，因此，形成了巨大的运输市场，而且还在不断扩大。但由于我国农产品物流主体多元化、规模普遍偏小、竞争力不强等原因，导致我国农产品在物流存储运输方面存在许多尚待解决的问题。

1. 保鲜设备风险

与农产品生产的季节性和上市的集中性、大量性相比，我国农产品物流基础设施、设备发展相对滞后，其问题相对突出，造成流通环节农产品质量安全等问题。主要表现在：一是城市化的加速以及生活方式的改变使得人们对农产品种类的需求越来越广，非时令农产品的消费量剧增，导致农产品长距离且大范围的运输，使微生物与有害物质污染的可能性增大。二是在农产品运送过程中，现代化的冷藏储运设施严重滞后，造成巨大的在途农产品损耗。农产品物流中采用敞篷汽车散装运输，缺乏冷藏冷冻设备，箱式冷藏车严重不足，初加工手段以及后续物流环节的基础投入明显不足。

2. 农产品物流信息滞后风险

农产品的流通主要是从农户到批发市场，再到农贸市场或超市，最终到达消费者手中，很多环节都缺少完善的农产品信息收集、处理、发布、反馈等手段和机制，使得农产品物流信息共享程度低、信息流通不畅、农产品生产者对市场供求信息获取不完全而且滞后，最终导致农产品供给、流向与流量常常带有盲目性，赶不上市场变化，从而造成大量的农产品库存。而农产品的保鲜期一般都比较短，过长的流通环节和库存时间使农产品失去最佳的食用时间，产生质量安全问题隐患。

五、农产品销售过程质量安全风险识别

随着技术的极大进步以及商品种类的日益复杂，消费者对于商品多样性的需求迫使以生产商为主导的产业链形式逐步向以零售商为主导的产业链形式转移。零售商作为直接连接生产与消费的桥梁，将农产品和服务提供给最终消费者。随着零售业的迅速发展与零售企业的地位不断增强，零售企业成为供应链上的核心企业。零售企业离消费者最近，最容易掌握市场的需求信息，可以有效地领导供应链的运作。当零售商在供应链上的影响力逐步扩大，零售企业对于物流体系的要求也将更高，而基于农产品流通的物流体系也将逐渐显现其规模效益。此外，零售商实力的增强也有利于对农产品的质量安全进行严格控制。零售企业根据严格的质量检测标准对采购的农产品进行规范的质量检测，在一定程度上降低由农产品质量安全而引发的各种安全事故，使消费者在超市中能够买到"放心菜"。但是由于农产品供应链的复杂性，农产品零售企业的规模和实力参差不齐，造成农产品零售过程中也存在一定的质量安全风险。

1. 信息风险

农产品零售商处于供应链的末端，由于牛鞭效应等不利于信息传递因素的影响，容易造成信息传递的失真和延时。农产品零售过程的质量安全风险主要体现在三方面：①零售商和消费者之间的信息不对称。由于消费市场的需求不确定性，零售商无法客观地预测消费者的需求，从而导致供给信息的不确定性，农产品质量安全特征信息不能有效地传递给消费者，使消费者对农产品质量安全真实性失去信任。②农产品零售商和供应商之间的信息不对称。在农产品生产、加工环节，供应方在伪劣禁用添加品的高收益和低成本诱惑下而滥用激素和添加剂，如"瘦肉精"造成的农产品质量安全隐患。而零售商对农产品内在质量安全信息难以跟踪，这样就造成了供应商和零售商的质量安全信息不对称。③农产品零售商和政府之间的信息不对称。政府披露农产品质量安全信息的时间和零售商的需求不一致，使农产品质量安全信息不能及时、有效地传递给零售商，从而导致了

政府和零售商之间的信息不对称。

2. 物流风险

农产品属于易腐易失产品，因此对农产品供应链的配套物流服务的要求较高。而我国物流产业起步较晚，且大多集中于制造业周边，农产品的物流发展还远远不能达到农产品供应链发展的需要。传统农产品供应中间环节过多，会引起生鲜农产品储运量增大，使产品到达顾客的时间延长，流通与交易费用增加，最终导致流通效益低下，同时产品的鲜活性也受到较大影响。如采用农超对接的形式，可以解决部分问题，但仍然会存在物流过程中的质量安全风险。

第三节　农产品供应链质量安全风险评估指标体系

建立农产品供应链质量安全风险评价指标体系是进行风险评价的基础。对影响农产品供应链质量安全风险的各种不确定因素进行识别，以发现农产品供应链中存在的显性风险和隐性风险，进而对这些风险的来源及内部的相互关系进行分析，并通过一定的选取原则，建立有关农产品供应链质量安全风险评价的指标体系。

一、农产品供应链质量安全风险评价指标的选取原则

农产品供应链是一个复杂的、动态的大系统，在进行指标选取的时候，为了保证能够从各个侧面反映出农产品供应链中可能存在的风险因素，在收集大量相关信息的基础上，需要以一定的原则来选取指标，以对风险进行准确的刻画。对指标选取的原则进行总结和概括，主要有以下几项。

1. 系统全面性原则

农产品供应链涉及众多主体和环节，在进行指标选取的时候，需要从系统的角度找出每个环节所隐含的风险信息，再根据一定的风险分析方法提取关键的风险要素。这样建立的指标体系才能够更加全面地反映农产品供应链所面临的风险状况，而且能够体现农产品供应链质量安全风险的未来发展趋势。

2. 可比性原则

可比性原则是指各个风险指标之间是完全独立的，与其他指标具有明显的区分度，能够进行风险大小的衡量和比较，这样建立的指标体系才能反映出各项指标与农产品供应链质量安全风险的相关度大小，并据此有针对性地控制农产品供应链质量安全风险的各种因素。

3. 重要性原则

由于影响农产品供应链质量安全的风险因子很多，不可能将所有的指标都纳

入到评价体系中，否则，一方面会增加太多的计算及求解难度，另一方面则没有必要。因此，应该根据各因子对农产品供应链质量安全风险的影响程度，选择影响大且发生概率大的指标。

4. 真实有效性原则

真实有效性原则是选择评价指标最重要的原则之一，只有保证指标的真实有效性才能进行客观和科学的风险评价，进而保证综合评价指数的有效性，才能进行最终的科学决策。要做到指标的真实有效，一是必须保证指标内容的信息来源真实可靠，且计算方法正确；二是要科学合理地确定评价因素、设计风险调查表、收集整理数据以及采用科学的方法分析结果。

5. 动态性原则

指标的动态性原则指的是在设计和选择指标的时候，要考虑农产品供应链的发展性，指标必须能够适应农产品供应链的变化并反映其发展趋势。

6. 定性和定量指标相结合原则

在选择指标的时候，要遵循定性和定量相结合的原则，对于可以用数据表达的指标，直接做定量指标。而对于有些不能用数据描述又难以获得的，但是对农产品供应链质量安全风险评价非常重要的指标，只能用作定性指标加以利用。

二、农产品供应链质量整体风险评价指标体系

根据前文对农产品供应链各环节的质量安全风险分析，从质量安全的角度，建立农产品供应链质量安全风险评估指标体系。该指标体系包含种植过程、养殖过程、加工过程、物流过程、零售过程五个环节，设计评价指标体系，将农产品供应链质量安全风险评估指标集设为 C_i，其中，C_i 代表第 i 个评价指标，i＝1，2，…，m，如表 10-1 所示。

对农产品供应链各阶段的质量安全风险评估，以农产品种植过程质量安全风险评估为例来建立模型并进行分析。

表 10-1　农产品供应链质量安全风险评估指标体系

供应链阶段	评价指标	评价指标描述
种植过程	C_1 设备风险	种植设备、检测设备、消毒设备出现故障时对种植质量的风险评估
	C_2 技术风险	对种植技术、检测技术、消毒技术合理性的风险评估
	C_3 管理风险	对农药、添加剂以及养殖环境的监督管理评估
	C_4 环境风险	包括自然生态环境和政策制度环境两方面的风险评估

供应链阶段	评价指标	评价指标描述
养殖过程	C_5 仔畜禽或种苗来源风险	仔畜禽或种苗的来源对质量的影响
	C_6 饲料来源及安全性风险	饲料本身的安全性及被微生物、化学添加剂污染带来的风险评估
	C_7 养殖场排泄物风险	排泄物对养殖环境和经过水循环对其他环节污染造成的风险
	C_8 养殖技术缺乏及管理不善风险	养殖技术的缺乏及对人工检疫用药管理措施不到位造成的风险
	C_9 疫情风险	畜产品携带的细菌、病毒或寄生虫对其质量的影响
加工过程	C_{10} 原材料及添加剂风险	在加工时使用不合格原材料及违法使用添加剂对质量的影响
	C_{11} 设备及工艺风险	加工设备及包装、保鲜剂等工艺使用不规范带来的风险
	C_{12} 加工场地条件不达标风险	加工中的清洗、储存及最后废弃物的处理不当造成的质量安全风险
物流过程	C_{13} 保鲜设备风险	长距离大范围的运输中保鲜措施不到位带来的风险
	C_{14} 农产品物流信息滞后风险	供应链中各环节信息不通畅拉长了农产品流通的时间，降低了上市的品质
零售过程	C_{15} 信息风险	零售商和消费者、供应商、政府之间的信息不对称带来的风险
	C_{16} 物流风险	零售商如便利店、超市是对接顾客的最后环节，运输、存储、包装等是质量关键控制点

第十一章 农产品供应链质量安全风险控制对策

我国农业人口众多，农产品生产分散，规模化程度低，流通环节多，这些特点给我国农产品质量安全带来了诸多问题。为了更好地对我国农产品供应链质量安全进行控制，既需要供应链中各个环节主体间的相互合作，也需要政府监管的介入。因此，本章将从供应链主体和政府两个层面来提出我国农产品供应链质量安全风险控制的对策。

第一节 加强农产品供应链各主体质量安全风险控制

农产品质量安全的控制涉及农产品供应链链条上的各个环节，因此，农产品质量安全体系的构建需要各主体共同配合。

一、农产品种植过程质量安全风险控制

建立与完善农产品供应链质量安全风险控制模式。农产品供应链质量安全风险控制模式是指通过一定的技术手段、方式、方法及管理制度，对农产品供应链从源头到消费的各环节实施系列方案的集合。其目的在于消除农产品链各环节的潜在危害，防范农产品安全风险或降低风险程度。影响农产品安全风险的因素主要体现在源头供应、农产品加工、农产品物流及分销、餐饮四个环节。每个环节都存在多个导致农产品风险发生的危害源。

农产品种植环节风险控制策略包括以下内容。

1. 优化农产品供应组织模式

一些成功的农产品供应链管理实践经验表明，通过管理农产品供应商来取代对农户的直接管理，可有效地控制源头供应风险。也就是说，供应源头采取"农产品供应商＋农户基地"的组织模式①。这里的"农产品供应商"可以是农产品加工企业或农民协会联盟组织，或者是农产品经销商、代理商。其职责包括：负责种子、农药化肥等生产要素的品质保证及采购渠道，负责或委托专业机构按照

---

① 哈乐群. 物联网环境下农产品供应链的管理与优化 ［M］. 长春：吉林大学出版社，2016.

良好农业规范（GAP）要求，实行统一的农业生产技术和过程管理，建立农作物生产档案制度，统一检测监控、统一收购加工。

2. 通过技术投入提升源头风险控制能力

通过对例如土壤改良剂的研发、产地环境监测技术及手段、科学的种植技术、现代化的设施及设备等科技创新项目的投入，可有效提高农产品种植环节风险控制能力。

3. 严格实施规范的过程管理

对农产品种植过程实施科学的、规范的管理最佳途径是推行 GAP。根据联合国粮农组织（FAO）的定义，GAP 是指应用现有知识来处理农场生产及生产过程中的环境、经济和社会可持续问题，从而获得安全、健康的食物和非食用农产品，对农产品的种植、采收、清洗、摆放、包装和运输等过程进行综合管理和微生物危害控制，因此，可从根本上解决农产品源头的污染问题。

4. 加强农业生产者的教育培训

对农户开展农业生产技术培训，提高农业生产者和管理者的技术水平，养成良好的农业生产习惯。另外，还要加强对农业生产者的农产品安全意识教育和社会责任道德教育，减少人为因素产生的农产品安全危害。

二、农产品养殖过程质量安全风险控制

1. 源头质量安全风险防范

仔畜禽或种苗品种选择要适合当地实际，生产性能好、经济效益高的，不要选择已淘汰或经济效益不明显的品种。

饲料是发展养殖业的物质基础，是极其宝贵的资源。养殖业需要大量的粮食特别是玉米作为饲料。若遇粮食特别是玉米减产，养殖业则发展艰难。近年来，我国耗粮性动物养殖发展很快节粮性草食动物养殖发展缓慢，养殖业发展与资源不相适应的情形越来越明显。在养殖业发达地区，耗粮性动物养殖饲料玉米紧缺，价格攀升；节粮性草食动物养殖饲草货源太远，运费高昂。在养殖业欠发达地区，年复一年，有大量优质野生牧草和宜牧农作物秸秆资源被荒废。

（1）调整饲料用粮比例和数量。养殖业应加大小麦等粮食在配合饲料中的比例，减少玉米用量，缓解玉米饲料紧缺的压力。

（2）开发利用优质野生牧草[①]。大力发展草食节粮性动物，实行舍饲养殖，刈割牧草养殖，晒制青干草养殖，实行草畜配套。

（3）搞好秸秆的加工调制利用。大力推广和利用宜牧农作物秸秆粉碎、切短、揉制、碱化、氨化、青贮等加工调制实用技术，加大秸秆用量，提高秸秆消

---

① 夏树立主编；边革，张晓鹰，田向学，韩静，王学奎编；王文杰审定. 优质牧草的种植与利用［M］. 天津：天津科技翻译出版公司，2012.

化利用率，消除因秸秆焚烧所造成的环境污染。

（4）发展人工种植优质牧草[①]。发展紫花苜蓿、聚合草、黑麦草等人工种植优质牧草，实行豆科牧草与禾本科牧草混播，提高单位面积牧草产量，兴草种草，开发草产业，增加收入。

（5）采用低成本法发展养殖业。根据饲养标准，在耗粮性动物饲料中添加一定比例和数量的人工牧草以及树叶、野菜类青饲料等，降低养殖生产成本，增强动物体质，减少发病率，提高养殖业经济效益。

（6）发展饲料用甜玉米种植。在水肥条件优越、气候适宜的地区，积极推广饲料用甜玉米种植的方式，以解决饲料玉米紧缺的问题，确保养殖业增产增收。

2. 疫情风险防范

强制实行畜禽粪便及水产去污化处理，对于不符合一定养殖规模和环保要求的农户，通过实行"离牧补助"等形式解决畜产品生产的环境问题。养殖场的规模扩大可以降低单位产品的生产成本以获得规模经济，但规模过大容易造成家畜粪便污染，并且在技术水平一定的情况下可能造成边际成本的增加，从而减少盈利。因此，要改变盲目追求数量增长的做法，推进适度规模经营。

动物防疫工作关系到现代养殖业的健康发展和公共卫生安全，是工作的高压线，具体做法如下。

一是认真贯彻执行畜牧业法律法规。养殖业必须认真贯彻执行《中华人民共和国动物防疫法》《中华人民共和国畜牧法》等畜牧业法律法规。按照中央提出的"预防为主，关口前移"的要求，要从源头上着手，积极推行健康养殖方式，加强饲料、兽药等农资管理，把好养殖产品质量安全关，从产前、产中、产后各个环节严密防控重大动物疫情。

二是全面推广和使用科学养殖新技术。如选养动物良种，实行自繁自养，扩大良种覆盖面，建立无特定病原畜群。采用动物同期发情配种；对哺乳期幼龄动物实行早期断奶；对育肥动物实行快速育肥和适时出栏等。

三是坚持以养为主，养重于防，防重于治，养防治相结合。创造适宜的动物生长环境，加强科学饲养管理，搞好定期消毒和驱虫，严格实行程序免疫，扎实做好以高致病性禽流感、牲畜口蹄疫、猪瘟、高致病性猪蓝耳病为主的重大动物疫病强制免疫工作，切实做到应免尽免、不留空当，确保不发生大的动物疫情，降低养殖费用（饲料费、种苗费、消毒费、防疫费、治疗费等）。

四是加强动物尸体管理。对不明原因死亡的动物尸体，必须进行全面消毒，实行无害化处理。严禁宰杀、运输、销售、食用不明原因死亡的动物。

五是严把动物防疫检疫关口。养殖业单位和个人，必须具备养殖条件，遵纪

---

① 夏树立主编；边革，张晓鹰，田向学，韩静，王学奎编；王文杰审定. 优质牧草的种植与利用［M］. 天津：天津科技翻译出版公司，2012.

守法，遵守防疫检疫制度，服从畜牧兽医行政主管部门的管理，实行养殖安全生产。畜牧兽医卫生监管部门必须履行职责，依法查处防疫检疫违法案件，维护国家畜牧业法律法规的尊严。

六是采取综合防控措施。对动物粪便进行生物发酵处理，加强动物疫病监测和应急处置。强化县、乡、村三级监测网络，进一步建好全县、村级防疫队伍，加强人员管理和在岗培训。加强流行病学调查数据分析和预警预报，准确掌握和判断疫情形势，严格疫情报告制度。强化应急防控工作，加强应急队伍建设和应急物资储备，提高应急反应能力，果断处置突发疫情，努力把动物疫病可能造成的损失降到最低点；运用法律、行政、技术和经济手段，采取养、防、检、监、查、封、隔、杀、消等综合防控措施，确保重大动物疫病防控扎实可靠。

3. 养殖技术风险防范

一方面是政府和业务主管部门、协会、有关畜牧业生产单位、大专院校等有条件的相关单位，有计划地组织各种不同层面、不同内容、不同形式的养殖实用技术传授，举行定期或不定期的培训。另一方面是养殖户本人要主动学习，要有学习专业知识的信心和决心。学习方式可以多样化，系统学习养殖基础知识；查阅有关书刊、上网查阅有关实用技术知识和信息，了解新的知识、新的科研成果，解决生产实际中的问题；向有经验、有技术的人员学习请教；在生产实践中善于总结经验，发现问题，边做边学。虚心学习，持之以恒，努力提高自身素质，减少从事养殖的盲目性，从而减少养殖风险，提高效益。养殖者在养殖场内部管理方面，要依靠科学技术，科学管理。养殖场建设应符合畜禽生产要求，要综合考虑通风、饮水、消毒、生产、防暑降温等。

三、农产品加工过程质量安全风险控制

农产品加工企业的发展不仅事关我国农民增收、农业发展和农村稳定，而且事关我国工业化、城镇化和现代化的进程，是一个事关国家整体经济发展和社会稳定全局的大事。

1. 加强农产品加工企业的质量管理

农产品是供人们日常生活饮食的产品，产品的安全性和质量与消费者的身心健康紧密相关，所以在农产品的生产过程中，企业各部门要加强其安全性生产和质量检测环节的管理，保证加工后的农产品高品质、高质量，满足现代社会人们健康安全饮食的需要。而学术界需要在这方面开展研究，研究建立农产品加工企业标准化生产、农产品加工质量标准检验检测体系，确保农产品质量和安全。

2. 加强科学管理，提高企业的经营水平

目前，在我国大多数农产品加工企业中，管理水平低下，已成为农产品加工企业进一步发展的制约因素。只有切实加强企业科学管理水平，才能把企业机制改革的活力和技术进步的效力充分地发挥出来。努力实现由传统管理向现代管理的跨越，把先进技术和科学管理有机结合起来，提高农产品加工企业的管理水平，是提高农产品加工企业整体素质的重要手段，也是适应市场经济社会化大生产的客观需要。

3. 激发人才潜力进行管理模式创新

充分发挥人才潜力，就需要做到选好人、用对人。选好人、用对人就需要严格遵循以德为主、德才兼备、任人唯贤的选人用人标准，同时又需要勇于创新，大胆起用新人，从而为企业选配最好的管理者，以此来带领企业在激烈的竞争中取得胜利。同时，也要注意一套科学合理、奖罚分明的考核激励制度是激发员工能动性的重要法宝。因此，建立一套科学合理的选人、用人的制度及一套合理的绩效考核机制，是强化农产品加工企业内部管理的必要手段。

目前，我国农产品加工企业的管理模式主要以家族式为主，而家族式管理模式的重要特征就是任人唯亲。然而，要实现管理方式专业化、科学化，就需要任人唯贤，大力引进杰出的人才。显然，我国农产品加工企业不能满足这个要求。这就要求管理者更新观念，打破旧的人才管理模式，坚持任人唯贤的原则。首先，要实行新型经营模式，实现企业经营权与所有权分离，充分调动企业员工的工作积极性，增强企业竞争力；其次，要引入人才竞争机制，聘用具有现代企业管理知识的人。因此，只有坚持科学的选人用人标准，广纳贤才，选好人、用好人、留住人，才能打破家族式的管理模式，才能充分调动人才的积极创造性，不断提高工作效率，以促进农产品加工企业的快速持续健康发展。

4. 制定营销策略，实施名牌战略

随着我国市场经济的深入发展，市场竞争日趋激烈。谁拥有名牌，谁就能占领比较多的市场份额，获得更多的利益。所谓名牌，是指社会公众通过对产品的品质和价值认知而确定的著名品牌。名牌是著名的，是品牌中优秀性、超前性、领导性的体现。企业要搞好市场营销，促进名牌的形成。营销策略是农产品加工企业品牌建设的重要支柱。所以发展名牌，有利于增加企业收益、增强企业竞争能力、推动企业向前发展。

四、农产品物流过程质量安全风险控制

农产品运输商要发挥自身的作用，促成安全对接。农产品生产出来，需要运输企业把农产品从链条的上一层传递到下一层，连接着生产者和消费者，如果配送环节出现问题，很容易导致农产品质量安全问题的发生。因此，运输商对于保障农产品质量安全起着关键性的作用。

1. 严格监管农产品配送过程中的质量安全

由于农产品的鲜活性、易腐烂、不易保存的特点，要求必须做好储运管理工作，针对不同的农产品要根据其自身的特点来安排运输时间、工具、包装等，采用先进的保鲜保质技术和设备，保持农产品的鲜度和质量，减少储运过程中农产品质量的受损。

2. 建立一套系统高效的物流体系

农产品的质量安全保障，一方面离不开一套高效的物流系统，建立该体系先要加快对电子商务的推广，然后逐步推进条码、电子数据交换等先进的物流理念。另一方面在运输企业内，导入计算机辅助设计、企业资源计划、柔性制造系统等先进的物流管理运作模式，以更好地保证农产品的安全。

3. 加大对基础设施、设备的投入

要加强农村公路建设，农村公路是农产品物流的载体，也是农产品流向全国、流向世界的途径。要做到村村通公路，并完善公路网络，提高公路网的通达深度和能力，确保农产品的运输道路畅通无阻，物畅其流。要加强农产品储运工具和设备的开发生产。为了降低储运环节的损耗率，必须扩大冷藏货运车辆的生产和营运，淘汰不符合公路及食品卫生标准的车辆，保障冷藏货物的质量。另外，还要加强粮库、糖库、保鲜库、冷藏库的建设，增加温控设备和防潮设备。

据统计，我国每年有 3.7 万吨蔬菜、水果在运送路上腐烂，如此多的农产品足以供养 2 亿人的生活。造成巨大浪费的主要原因是从事商品流通环节的企业及人员对冷冻保鲜物流的重要性认识不足，导致技术手段落后。采用配载、零担等方式提高车辆装载率，同时采用供应链管理的理念，缩短运输时间，减少不必要的环节，给车辆装备 GPS 技术，加强对运输车辆的监控，及时掌握运输车辆的运行情况，从全局出发，以达到运输时间最短、运输成本最低、运输效益最大化。

4. 重视人才的培养、提高运输企业的组织化程度

为了更好地实现运输合理化及现代化，上至国家，下至企业都要重视教育的发展，培养专业的人才，以胜任农产品运输过程中的工作，从而提高工作效率。企业是市场经济的"细胞"，其重要性不言而喻，而与农产品运输息息相关的运输企业的组织化程度，事关农产品运输的效率。作为农产品运输的企业应该从实际出发，通过提高本企业的管理水平和综合竞争力来实现企业组织化程度的提高，以更好地实现运输的合理化及现代化。

五、农产品零售过程质量安全风险控制

农产品零售商是农产品供应链的销售环节，直接连接着消费者，零售商的策略选择直接决定了流入市场的农产品质量是否达到安全水平。因此，零售商对于保障农产品质量安全起着决定性的作用。

1. 严格做好农产品进入市场的质量安全检测工作

零售商应该建立一套严格的质量检测机制，在农产品进入市场前，零售企业应该对农产品进行严格的质量安全检测，对于检测不合格的农产品，一律不准进入市场进行售卖。

2. 建立并实施农产品质量安全可追溯系统

完善果农产品的产品标签管理，通过推广无线射频识别技术（RFID）和普及条码技术，建立包括产品规格、品质、时效及指导信息在内的完整的农产品数据库。通过向消费者提供产品生产及加工的全程信息，赋予消费者知情权，同时，强化供应链上各个企业的责任意识。质量安全可追溯系统可先在零售企业内部实施，然后扩展到整个农产品供应链。此外，可追溯系统应该是一套将追溯系统和生产系统、物流系统与管理信息系统等整合而成的系统。

3. 市场风险防范

提高农产品供应链合作伙伴间的市场规划和预测能力，认真地进行外部环境分析及所面临的行业环境分析，充分发挥零售企业的核心作用，准确把握消费需求，及时了解农户及市场行情，同时熟悉各项法律法规，自我约束，互相监督，不越过供应链的法律边界行事。

4. 末端物流风险的防范

构建农产品流通、冷冻、冷藏保鲜链，降低农产品供应链物流过程中的质量安全风险。大力发展农超对接形式，减少物流中间环节，发挥零售企业核心作用，提高储运质量。此外，要打造高效的农产品保鲜链并不是一家企业能独立完成的，政府也要发挥积极的作用，如加大政府的投资和给予相应的政策倾斜，以加快构建。

六、消费者质量安全风险控制

消费者是供应链链条上的最后一节，其需求导向会极大地影响生产商、批发商、运输商和零售商的行为，是整个农产品供应链过程中进行质量安全控制的原动力。我国应该积极探索消费者参与农产品安全监管的有效路径，充分利用消费者自身优势，发挥消费者在农产品安全监管中的重要作用。

1. 提高消费者参与农产品安全监管的意识与能力

构建有效的消费者农产品安全监管参与机制，离不开消费者对农产品安全的关注度和主动性，更需要提高消费者参与农产品安全监管的积极性。所以，必须提高消费者的农产品安全认知能力和强化相关法律法规知识的普及程度。首先，加大农产品安全知识的普及。政府部门应加大宣传力度，利用相关媒体和社会中介组织，通过网络、电视、广播、讲座等多种形式做好消费者农产品安全知识的普及工作，掀起全民参与、全民学习的热潮。相关部门还可以设计相应的激励机制和保障机制，调动消费者参与农产品安全监管的主动性和积极性。其次，加大相关法律法规的宣传力度，如普及《农产品安全法》。消费者只有对相关法律法规比较熟悉，才能更好地参与农产品安全监管，维护自身权益。最后，消费者要提高自身的辨别能力，通过监督、拒买、举报等行为维护农产品安全，掀起全民参与农产品安全监管的热潮，共同构建多元主体共同参与监管的机制。

2. 畅通消费者参与农产品质量安全监管的渠道

畅通农产品质量安全监管的渠道，提高消费者维权的效力，以保障社会监督的实现。首先，在制度设计方面，畅通维权渠道，充分发挥其功能。如赋予消费者权益保护组织一定的强制力、完善仲裁协议制度、简化诉讼程序等。其次，创新消费者参与的形式，拓宽消费者的参与平台。如设立举报箱、工商部门进社区、进商场、开通网络微博、农产品安全监管 QQ 群等，畅通消费者参与的渠道，迅速快捷地受理消费者意见，建立农产品安全预警机制。再次，实行农产品企业信息透明化管理。农产品生产企业和流通部门建立信息透明化管理制度，如主动邀请消费者参与农产品安全监管，通过参观、讲座、信息发布等形式让消费者真正参与到农产品生产、流通过程中。最后，组建农产品安全监督员队伍，拓宽农产品安全监督渠道。农产品监管部门可以面向社会召集农产品安全监督员，对其进行食品安全知识培训，利用群众资源，对农产品安全问题进行调查，从而对农产品生产企业形成有力的制约。

3. 完善消费者参与农产品质量安全监管的法律保障机制

消费者参与农产品安全监管有赖于法律和制度的保障。首先，健全消费者参与农产品安全监管的法律法规体系。我国实行《农产品安全法》，有力地推动了农产品安全监管，但与发达国家相比仍需不断完善相关法律法规体系。其次，在法律法规体系中明确企业、政府、消费者、新闻媒体、行业组织和社会组织等相关主体在农产品安全监管体系中的义务和责任，为消费者参与农产品安全监管体制提供法律保障和法律规范。具体可以考虑在农产品政策和法律法规的制定、农产品安全风险评价、农产品安全信息公开等环节引入公众参与机制。再次，建立消费者参与农产品安全的保障机制。营造全民参与的环境，保障消费者参与权益，降低参与成本，为消费者提供参与的安全环境，解除其后顾之忧。最后，建立消费者参与的补偿和激励机制。对于消费者正当维权、举报的费用予以补偿，减少参与的费用和成本，消除参与的经济性障碍。

第二节　完善我国农产品供应链质量安全监管体系

农产品市场的信息不对称问题，决定了政府干预农产品市场的必要性。但我国人口众多、流通环节多等特点客观上使政府解决这一问题有较大的难度。当前我国政府面临着如何发挥各方面作用，协调有关主体，建立合作机制，使政府有限的资源获得最佳结果的政策设计问题。根据对国内现状的分析，笔者认为，应该从以下几个方面入手，加强我国农产品供应链质量安全管理体系的构建。

一、完善法律法规体系

市场经济是法制经济，因此，健全完善的法律体系不仅是农产品供应链质量安全管理的保障，也是经济发展的重要保障。市场化程度越高，法制越应健全、规范。针对我国农产品安全法律体系目前存在的问题，应做以下改进。

1. 尽快将从农田到餐桌全过程管理纳入法治化轨道

这是当前我国健全农产品安全管理体系的当务之急。整体来讲，我国农产品质量安全管理方面的法律体系还很不完善，在依法行政上还十分欠缺，远没有做到"有法可依，有法必依，执法必严，违法必究"。当前，应依据《农产品质量安全法》，在生产环境管理、农业投入品管理、生产过程管理、经营加工管理、标准制定、监督检查和法律责任等方面进行细化，使执法管理行为具有充分的法律依据，使依法行政在农产品供应链质量安全管理中真正落到实处。

2. 提高农产品安全监管执法的可操作性

即使已有的法律法规也存在不少缺陷，缺乏可操作性，难以对责任人进行法律追究，"依法惩处"往往成为一句空话。我国应该对已有的法律、法规进行一次清理，在必要的地方进行细化，或制定新的法律、法规。在此基础上，要更加关注农产品的质量安全和对环境的影响，加强对农产品投入品的质量安全、产地环境和农产品加工与销售等方面的监督、监测力度。

3. 加大执法监督和处罚力度

健全的法律体系运行要靠严格的执法监督来保障。为此，各有关部门要相互配合，加大对农产品质量安全的执法监督，加强对农业投入品的监督，特别是加强对有机磷等违禁药物的监督。对查出有毒有害物质含量超标的农产品，要依法予以处理；对违禁销售和使用剧毒有机磷类农药等禁用药物的行为要给予严厉打击，造成严重后果的要依法追究刑事责任。

二、提升质量标准体系

农业标准化建设是规范生产经营、确保农产品质量安全的重要基础。我国农产品供应链质量标准体系建设应该做到以下几方面。

1. 建立统一权威的农产品质量安全标准体系

对现有标准的清理和修订，构建国家标准、行业标准、地方和企业标准相配套的较为完善的农产品质量标准体系。为此，要准确定位国家标准、行业标准、地方和企业标准的范围。国家标准起着指导和协调行业、地方标准的作用，其制定范围应体现基础性、通用性、原则性等特征，覆盖人类和动植物健康安全、食品安全、环境保护、国家安全等各方面标准，且由农业农村部统一制定。针对我国现有农产品标准间重复交叉、技术指标要求不一的现状，农业农村部应着手清理标龄过长（超过5年未修订为基准）的国家标准、行业标准、地方标准，将相互重复的标准归类合并。行业标准的制定则要根据农产品的生产工艺、包装、运输、储存和加工特点所需要的专业标准来具体制定，制定者为农产品行业协会。地方和企业标准应本着不对贸易造成不必要限制的原则，由地方各级农产品行政部门根据地方和企业农产品生产贸易需要来制定。农产品有毒有害物质限量等地方标准的制定，力争实现国家标准、行业标准、地方标准基本配套，形成较为完善的农产品质量标准体系。农业标准化技术委员会要充分发挥作用，认真做好基础性技术工作。

2．使我国农产品质量标准体系逐步与国际接轨

标准水平不仅能代表一个国家在食品安全、食品质量方面的保护水平，也体现了一个国家在国际食品贸易中的保护水平。为了实施贸易保护主义，发达国家在农产品贸易中实施了越来越苛刻的技术壁垒。为使我国农产品出口贸易顺利进行，我国应尽量制定与国际接轨的农产品质量标准。具体措施：一是大力开展农产品安全标准的基础研究，定期对农产品产地环境污染程度、污染因子、污染源头及其变化趋势进行检测和调研，掌握基础信息，实施目前发达国家普遍应用的"良好农业规范（GAP）"、"良好操作规范（GMP）"和危害分析与关键控制点分析（HACCP）等先进的安全控制技术。二是积极参与国际标准的制定，注意积极组织和参与区域性标准化活动，以获得更多同盟。

3．加强农业标准示范与实施

特别是生产技术规程的宣传、贯彻和实施，抓好农产品安全标准示范区、示范带、示范县建设和培训体系建设，强化标准的立项制定与实施及监督一体化和反馈制管理，规范农户和农产品生产加工企业经营行为，促进农产品生产者积极参与标准化活动。

三、健全质量检测体系

健全完善的农产品质量检测体系，有利于加强农产品质量标准的贯彻实施，有利于及时发现和处理突发问题，是确保农产品安全的重要手段之一。当前我国的农产品质量检测体系存在仪器设备陈旧老化、检测能力弱、检测速度慢等缺陷。为提高我国农产品检测能力，应做到以下几方面。

1．要建立宏观管理与分级负责相结合的农产品质量安全检测体系

部级检测中心由农业农村部按专业类别或产品种类规划建设；省属检测中心由农业农村部和地方共建，负责对全省农产品质量检验检测工作的指导；市、州中心由所在省根据规划需要建立，作为部省联建综合性质检中心的分支机构，重点负责开展市场农产品准入质量监测工作；县级检测站应是以速测为主的综合检测机构，重点负责搞好产地环境质量安全和销出农产品的农药残留、硝酸盐等有毒有害物质速测监督；各类农产品批发市场、超市、大中型农贸市场要严格规范检测制度，把好经销农产品入市速检、质量监控准入关；各农业投入品和农产品生产企业都要按照有关要求，尽快建立和完善质量监控设施。

2．整合资源、提升档次

部级专业性质检中心的建设，应当充分利用现有部署科学研究、技术推广等单位的技术优势条件和仪器设备资源，重点突出高精检测能力和技术标准研制能

力的建设；部省联建综合质检中心，应当充分利用农口厅局现有的专业检测站和有关农业科研院所的检测资源进行组建，突出综合检测能力的建设；县级检测站，应当依托现有的农业技术推广部门的检测条件进行组建，重点加强对产地环境和速测能力的建设。同时应注意在体系建设中避免重复建设。

3. 提高质检人员业务水平，强化质检队伍素质建设

在途经选择上，一是鼓励岗位练功。检测机构应当根据其发展目标和自身质检队伍的素质基础状况，制定相应的素质培养目标和在岗培养方式。在具体措施上可采用本职岗位锻炼、定期轮岗交流锻炼（包括部门负责人和关键技术骨干）、外派锻炼（包括到地方基层政府部门、农业龙头企业、同行质检机构或国外同类机构学习挂职锻炼）。二是适度引进人才。适度对外引进人才来增强整体质检队伍的素质是强化质检队伍建设的一项重要举措。要根据自身检测队伍的结构现状，在必要时有重点地引进自身缺项和弱项的人才或高层次、高素质的关键技术人才。在方法选择上，应注意结合使用培训交流、目标责任、考核评议等多种方法，来提升质检人员的业务水平。

四、抓好质量信息体系

快速、灵敏的信息传递系统，不仅能够有效地预防食品质量安全事故的发生，而且有助于解决食品质量的市场失灵现象。由于我国农产品产业存在生产农户分散、规模化程度低等特点，致使信息标签管理、企业信誉机制等难以发挥作用。为加强农产品生产者、消费者的自主安全管理，我国政府的信息服务应该做到以下几个方面。

1. 加大宣传、教育力度，在全社会范围内构建农产品质量安全新理念

充分利用报纸、杂志、广播、电视、互联网等媒体，采取多种培训形式，广泛深入地进行农产品质量安全知识、无公害农产品生产技术、农业投入品科学使用和限制使用规定、国内外食品质量标准和食品质量安全法律法规等方面的宣传和培训工作。

2. 加强农产品质量安全电子监管能力

加强农产品安全信息监管能力建设，开展认证农产品、产品标签审定、标签编码管理、标签信息查询等方面的数字化建设和管理，形成以横向为主、纵向相连、产销区一体化的农产品信息化管理雏形。

3. 建立覆盖全国的实时监控监测网络体系

农产品质量安全控制的监测监控评估网络体系从总体上来说应覆盖植物疫病、有害生物、食源性人类传染病、农残、农产品生长剂、生物毒素、有害元素（含辐射元素）、包装材料污染、环境及工业污染物、有害微生物及各种食源性病原体、其他生物技术产品等，加上风险分析、风险评估、风险管理、风险警报及农产品安全质量总体评估和相应对策研究等。定期完成相应的农产品质量安全评估报告工作，从而为执法和决策打下良好的技术基础。

参考文献

[1] 郭翔宇，刘永悦，等. 农产品供应链与农民专业合作社绩效优化研究 [M]. 北京：中国农业出版社，2019.

[2] 黄祖辉，梁巧，吴彬，鲍陈程. 农业合作社的模式与启示 美国荷兰和中国台湾的经验研究 [M]. 杭州：浙江大学出版社，2014.

[3] 哈乐群. 物联网环境下农产品供应链的管理与优化 [M]. 长春：吉林大学出版社，2016.

[4] "互联网＋"背景下生鲜农产品供应链协调研究 [M]. 长春：吉林出版集团股份有限公司，2018.

[5] 赖永波. 农产品质量安全监管绩效影响效应研究 [M]. 厦门：厦门大学出版社，2017.

[6] 辽宁省畜产品安全监察所. 畜产品安全监督指南 [M]. 沈阳：辽宁科学技术出版社，2018.

[7] 刘刚. 乡村振兴背景下的农产品供应链创新研究 [M]. 北京：经济科学出版社，2019.

[8] 李继光，杨迪. 大数据背景下数据挖掘及处理分析 [M]. 青岛：中国海洋大学出版社，2019.

[9] （美）迈克尔·胡格斯. 供应链管理精要 原书第 2 版 [M]. 北京：中国物资出版社，2010.

[10] 隋博文. 关系稳定性、联盟绩效与跨境农产品供应链优化 以广西－东盟为例 [M]. 北京：中国社会科学出版社，2018.

[11] 王丽娟. 生鲜农产品供应链动态合作控制机制研究 [M]. 北京：科学出版社，2018.

[12] 吴彦艳，丁志卿. "互联网＋"背景下农产品供应链集成优化策略研究 以黑龙江省为例 [M]. 北京：科学出版社，2018.

[13] 王永明，尹红丽. 鲜活农产品供应链协调优化及安全保障机制研究 [M]. 长春：吉林大学出版社，2018.

[14] 徐鹏. 线上农产品供应链金融运作模式及激励契约 [M]. 成都：西南交通大学出版社，2019.

[15] 夏树立主编；边革，张晓鹰，田向学，韩静，王学奎编；王文杰审定. 优质牧草的种植与利用 [M]. 天津：天津科技翻译出版公司，2012.

[16] 徐兵，胡启帆. 农产品供应链运作与决策 [M]. 北京：经济管理出版社，2020.

[17] 线上农产品供应链金融风险防范及博弈分析 [M]. 北京：经济科学出版社，2020.

[18] 于兀兀. 农产品供应链战略匹配机制 [M]. 北京：经济管理出版社，2020.

[19] 姚源果. 区域农产品冷链物流配送优化研究 [M]. 北京：中国农业出版社，2020.

[20] 于兆艳. 农产品供应链优化研究 [M]. 延吉：延边大学出版社，2019.

[21] 钟丽，吴星源，赖振辉主编. 物流信息技术 [M]. 西安：陕西科学技术出版社，2020.